创新系统视角下

产业环境与高技术产业创新的交互影响研究

Research on Interactions between
Industrial Environment and High-tech Industry Innovation
*under the **Innovation System Perspective***

陈侠飞　著

ZHEJIANG UNIVERSITY PRESS
浙江大学出版社

前　　言

随着全球第三次工业革命浪潮的到来,技术创新进入新一轮的高潮。以欧美为代表的发达国家和地区正在加速实施"再工业化"和"制造业回归"战略,全球产业格局产生新的重大变革。而处于"新常态"下的中国,经济发展方式迫切需要转变,实现以创新拉动生产力增长。在全球产业结构调整和国内经济转型的关键时期,中国高技术产业面临着更加复杂的发展环境,同时也面临着新的发展机会。目前,中国很多行业缺乏核心技术或关键技术,创新能力不足,迫切需要加快技术创新,实现内生增长。与美、欧、日等发达国家和地区相比,中国高技术产业发展还存在一定的差距,其产业化效益远远低于创新投入。基于此背景,把握高技术产业创新现状,分析其创新的制约因素,进而实现高技术产业持续发展,在国家经济发展方式调整过程中发挥着重要作用。

高技术产业创新是技术创新领域中一个重要的研究课题。研究多集中在高技术产业创新效率评价、高技术产业创新的影响因素两方面,然而鲜有研究从创新系统的角度分析高技术产业创新的作用机理。高技术产业创新活动是一个复杂的系统性活动,其内部创新过程具有阶段性,而且高技术产业的创新水平受到多重因素的影响。考虑到创新活动的系统性,高技术产业内部创新与其所处环境不断互动,共同演化。本书以"高技术产业创新"为研究中心,以创新价值链和创新系统为理论基石,对现有高技术产业的创新效率、高技术产业创新活动的影响因素、共同演化研究的相关文献进行总结述评,总结研究现状并指出研究的空白点。在此基础上,从内部创新过程和外部产业环境两个方面分析高技术产业创新效率差异,并进一步分析产业环境与高技术产业创新的互动演化情况。最后,进行总结和展望,为未来的研究指明方向。

具体而言,本书的主要研究内容和研究结论如下。

第一,对创新价值链、区域创新系统、产业创新系统进行理论综述。从理论内涵、实践应用及理论启示进行综述,为后续研究提供了理论基础。

第二,构建高技术产业创新过程的概念框架。基于创新价值链理论,将高技术产业创新过程划分为 R&D 阶段和产业化阶段。剖析创新投入产出要素及其相互关系,同时考虑"共享投入"和"额外的中间投入",构建了高技术产业创新过程的概念框架,为其内部创新过程的效率评价奠定基础。

第三,建立两阶段网络 DEA(Data Envelopment Analysis,数据包络分析)模型,从内部过程的角度分析评价高技术产业创新效率。分析高技术产业的 R&D 效率、产业化效率、综合效率可以发现,中国高技术产业 R&D 阶段创新水平高于产业化阶段创新水平,应注重产业化活动而不仅仅一味进行 R&D 投入。中国高技术创新活动具有区域特点,政策制定者应根据当地发展状况指导创新活动。

第四,从高技术产业的外部环境分析高技术产业创新活动的影响因素。基于区域创新系统、产业创新系统,界定高技术产业的产业环境的内涵,即产业环境是"产业所在的区域环境,包括一系列通过市场和非市场互动影响创新能力和效率的支持性要素"。通过因子分析,得出产业环境的构成因子有:区域发展条件、区域消费潜力、创新主体之间的互动。

第五,产业环境与高技术产业创新效率的关系。运用 DEA-Tobit 模型,分析高技术产业的产业环境的各构成因子与其技术效率、纯技术效率、规模效率之间的关系。结果表明:一个区域的发展状况与高技术产业的创新活动息息相关;刺激消费需求有利于推动高技术产业创新;区域内各创新主体之间的互动也能使高技术产业获得发展动能。

第六,分析产业环境与高技术产业创新过程的共同演化。综合前述研究,将高技术产业创新系统划分为产业投入子系统、产业转化子系统、产业产出子系统与产业环境系统。

目　　录

第一章 绪 论

一、研究背景

随着全球第三次工业革命浪潮的到来,技术创新进入新一轮的高潮。从国际来看,美国、法国、日本、韩国等国家相继提出一系列政策方针和行动指南,以实现技术发展的新突破,进而提高国家的竞争力。如美国推出"技术创新计划"(TIP)、"回归制造"和"创新经济";英国和新加坡都相继提出"创新券计划"(IVS);法国推出"创造明天产品"的工业创新计划;德国出台"2020创新伙伴计划",并将工业4.0战略纳入《高技术战略2020》中;日本推出"数字日本创新计划"(ICT);韩国开展了"创造经济"计划;等等。这些举措表明推动技术创新已成为一个国家获得核心发展动力的关键。从国内来看,中国经济经历了30多年的高速发展,虽然取得了世界第二大经济体的地位,但是主要依靠高能耗、高原材料消耗和高体力消耗,很多行业尤其是制造业缺乏核心技术或关键技术,创新能力不足,技术上受制于外的现象还很严重,迫切需要加快技术创新,实现内生增长。在新常态下,中国经济发展的各种要素,包括需求和供给要素、内生要素和外生要素等都发生了重大变化。因此,在新的时代背景下,中国必须实现经济发展模式转型,通过创新促进经济发展。

立足于本国国情和发展阶段,中国政府提出"中国制造2025",指出应重点发展新技术、新产业,如新能源产业、信息技术产业、生物制药与生物制造产业、高端装备制造产业等。作为知识密集和技术密集的产业,高技术产业具有较高的经济效益和社会效益,是目前乃至今后世界经济发展进程中代表一个国家整体实力和综合国力的先导产业。根据国家统计局的分类,高技术产业(制造业)是指国民经济行业中 R&D 投入强度(即 R&D 经费支出占主营业务收入的比例)相对较高的制造行业,包括医药制造,航空、航天器及设备制造,电子及通信设备制造,计算机及办公设备制造,医疗仪器设备及仪器仪表制造,信息化学品制造等六大类。从 20 世纪 80 年代开始,高技术产业的研究开发与产业化活动被政府视为促进经济发展的核心力量。为推动高技术产业的发展,北京、上海、深圳、武汉等地都建立了高新技术开发区。国务院于 1986 年批准了国家高技术研究发展计划("863 计划"),并于 1988 年 8 月提出"火炬计划"(China Torch Program)。如今,在经济转型升级的关键时期,大力发展高技术产业是创新驱动发展战略的核心动力。但是,与美、欧、日等发达国家和地区相比,我国高技术产业发展水平还存在一定差距,实现产业化获得的效益远远低于科技投入,技术创新还没成为经济社会发展的主要驱动力。表 1-1 和表 1-2 分别对比了不同国家的 R&D 强度和附加价值,中国高技术产业的 R&D 强度和高技术产业增加值所占比例都处于较低水平。我国"十二五"规划(2011—2015 年)的一个重要目标是"高技术产业的价值附加值占制造业企业价值附加值的比例达到 18%",这一目标美国在 2005 年就已实现。世界经济论坛发布的《2014—2015 年度全球竞争力报告》指出,目前中国还处于效率驱动阶段。较低的生产率和较低的高技术产业化水平在一定程度上阻碍了中国的创新驱动发展。

表 1-1　部分国家高技术产业的 R&D 强度

项目	中国 (2012 年)	美国 (2009 年)	日本 (2008 年)	德国 (2007 年)	英国 (2006 年)	韩国 (2006 年)
R&D 强度/%	1.68	19.74	10.50	6.87	11.10	5.86

注:R&D 强度以高技术产业 R&D 经费占工业总产值比例表示。

数据来源:国家统计局,《中国高技术产业统计年鉴(2013)》。

表 1-2　部分国家高技术产业增加值占制造业增加值的比例

项目	中国 (2007 年)	美国 (2009 年)	日本 (2008 年)	德国 (2007 年)	英国 (2007 年)	韩国 (2006 年)
R&D 强度/%	12.7	21.2	15.4	12.8	17.1	23.0

数据来源:国家统计局,《中国高技术产业统计年鉴(2013)》。

世界上各个国家的高技术竞争,主要归结于高技术产业化能力的竞争。然而,就现实而言,中国高技术产业的研发经费投入不断增加,但是新产品销售收入的增长率却低于研发投入的增长率。产业创新投入和创新成果转化之间存在问题,这一现象引起学者们的关注。从现实背景看,中国各省(区、市)的高技术产业的创新投入和创新产出存在一定的差异。以 2013 年为例,中国各省(区、市)高技术产业的 R&D 人员全时当量的标准差为 40175,R&D 经费内部支出的标准差为 1251192,新产品销售收入的标准差为 20106742。从文献研究看,中国的高技术产业的创新能力不足(Martín-de Castro,2015;Bai et al.,2015);中国各区域间高技术产业创新水平存在很大差异(Hong et al.,2015;Zhang and Lv,2012;Guan and Chen,2010)。Edquist(1997)指出,从基础研究到应用研究,进而实现新产品和新工艺这个过程中,创新的各活动是一个复杂的互动、反馈的关系,包括科学、技术、需求、政策等各方面。考虑到创新活动的复杂性,学者们逐渐利用系统论方法对其进行分析(Chung,2002;Spencer,2003;Motohashi,2005)。高技术产业创新活动能否顺利开展,取决于其内部和外部的各因素,要实现创新不能单靠某一个因素,而要依赖各个因素的综合作用。因此,应遵循系统性原则,正确协调创新活动的各组成要素,即高技术产业创新不仅仅要按照自身客观规律运行,还要从各要素间的相互影响、相互作用这一全局的角度去分析高技术产业创新活动。基于此,本书在创新系统视角下,从内外两方面分析高技术产业创新的影响因素:一是分析高技术产业内部创新过程的不同阶段的创新活动;二是分析产业环境对高技术产业创新活动的影响。以此为基础,进一步分析产业环境与高技术产业的创新子系统的共同演化作用。

高技术产业发展具有深刻的时代价值,是促进我国经济发展的新引擎,对指导中国经济转型具有重大意义。考虑到中国高技术产业创新能力不足、创新发展不均衡这一现实,在特定的时代背景下,找出影响高技术产业创新活动的根源,实现高技术产业创新发展的新突破,是摆在中国面前的一个重要问题。基于此背景,本书以"高技术产业创新"为研究中心,在创新系统视角下,从内外两方面分析高技术产业创新的影响因素,并进一步分析产业环境与高技术产业创新的互动演化情况。具体来说,中国不同省(区、市)高技术产业创新水平如何、各个省(区、市)之间的创新差距如何、高技术产业创新效率不足的原因何在、高技术产业内部创新是否存在阶段差异、高技术产业创新的产业环境如何界定、产业环境与高技术产业创新过程的各创新子系统如何互动,这些都是需要回答的问题。

二、问题提出与研究意义

(一)问题提出

高技术产业作为经济转型升级的重要支撑,对国民经济的发展和创新驱动战略的实施都具有重要意义。然而当前中国高技术产业的发展与美、欧、日等发达国家和地区相比还存在一定的差距,高技术产业创新活动尤其是其创新效率的研究仍是学者和实务界关注的重点。从现实情况来看,高技术产业创新是一个系统性的活动,其创新活动受到内外部各种因素的影响,但是目前从系统的角度分析高技术产业创新的研究尚且不足。因此,本书从高技术创新活动出发,分析高技术产业创新的内外部影响因素及其演化。高技术产业的内部创新过程是否存在差异?高技术产业的外部产业环境如何影响其创新活动?产业环境与高技术产业的内部创新过程如何互相影响?为解决这些问题,本书以创新系统为视角,分三个部分进行具体分析。第一部分从内部过程出发,分析高技术产业创新的 R&D 活动和产业化活动的差异。第二部分从产业环境出发,分析外部产业环境对高技术产业创新的影响。第三部分在前两部分的基础上,构建高技术产业创新系统,进一步分析产业环境与高技术产业创新的共同演化。这些问题的研究对于政府合理评估中国各个省份的高技术产业创新活动发展状况具有重大意义。

(二)研究意义

本书在现有高技术产业创新的研究基础上,深入分析产业环境与高技术产业创新的交互影响作用,具有一定的理论和现实指导意义。

1.理论意义

从理论意义上来讲,主要有以下三点。

(1)基于创新价值链理论,构建高技术产业创新过程的概念框架,丰富了创新价值链的应用,进一步深化了高技术产业创新的评价模型。

(2)结合区域创新系统和产业创新系统,首次界定高技术产业发展的产业环境的内涵,并探讨其构成要素,进一步拓展了创新系统的实证研究。

(3)基于复杂系统论,分析产业环境与高技术产业创新内部子系统的演化,进一步丰富了产业环境与高技术产业创新之间关系的研究。

2.现实意义

(1)对高技术产业创新效率的评价,可以为政府找出效率不足的根源、为合理评估高技术产业创新活动提供参考。

(2)转型经济体的中国高技术产业发展现状及产业环境变迁,揭示了高技术产业创新特点、存在问题及创新效率的影响因素。

(3)对高技术产业创新的产业环境的分析,可以为政府发展高技术产业提供政策参考,对推动创新驱动发展战略实施具有重要意义。

三、研究内容与方法

(一)研究内容

本书综合国内外研究成果,以创新价值链和创新系统为基础,通过文献分析、模型构建、实证研究等方法,从高技术产业的内部创新过程和外部产业环境两个方面研究高技术产业创新活动的影响因素,并考察产业环境与高技术产业创新过程的各创新子系统之间的互动。为探讨高技术产业创新活动的影响因素,分析其创新不足的根源,有效提升高技术产业创新水平提供了理论支持和政策参考。本书的具体研究目标为:(1)以创新价值链为基础,结合高技术产业创新评价的研究文献,构建高技术产业创新过程的概念框架。利用两阶段网络 DEA 模型分析高技术产业 R&D 阶段、产业化阶段的创新水平。(2)界定高技术产业的产业环境的内涵,剖析其构成要素,并考察产业环境各构成要素与高技术产业的技术效率、纯技术效率和规模效率之间的关系。(3)结合系统论,构建产业环境与高技术产业创新共同演化度模型,具体分析产业环境与产业投入子系统、产业转化子系统、产业产出子系统之间的互动演化。基于研究目标,本书的具体研究内容包括三个主要部分,图 1-1 是本书的概念框架图。

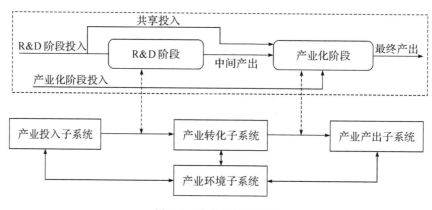

图 1-1　本书的概念框架

1. 基于创新价值链的高技术产业创新过程的效率评价。以创新价值链为基石,将高技术产业创新过程划分为 R&D 阶段和产业化阶段,构建高技术产业创新过程的概念框架;利用两阶段网络 DEA 模型,测算高技术产业创新整体效率、R&D 阶段效率、产业化阶段效率;基于数据结果,分析高技术产业创新效率高或低的内部原因,并分析中国各省(区、市)高技术产业创新效率的差异。

2. 产业环境与高技术产业创新效率的分析。高技术产业创新是一个复杂的系统过程,受各种因素影响。产业创新活动依赖于外部资源的可获得性,也就是说,高技术产业所处的产业环境会影响其创新活动。当前研究尚未从创新系统的角度剖析高技术产业的创新影响因素,因此本书将基于区域创新系统和产业创新系统,结合定性分析和定量分析方法,界定产业环境的内涵,并探讨其构成要素;将高技术产业创新效率划分为技术效率、纯技术效率、规模效率,实证分析产业环境的各构成要素对高技术产业创新的影响效果。

3. 产业环境与高技术产业创新的演化分析。在高技术产业的内部创新过程及其产业环境分析的基础上,阐明高技术产业创新系统的子系统及其共生机理,分析产业环境与高技术产业创新的演化,具体而言有以下几方面:产业环境系统与产业投入子系统之间的协同演化;产业环境系统与产业转化子系统之间的协同演化;产业环境系统与产业产出子系统之间的协同演化。

(二)研究方法

本书以文献研究为基础,结合现实背景,提出科学问题,运用 DEA 模型、Tobit 回归、因子分析等方法,深入剖析产业环境与高技术产业创新的互动演化,采用的研究方法主要有以下几种。

1. 文献分析法

按照文献研究的基本步骤和方法,本书对创新价值链、产业创新系统和区域创新系统等相关理论文献进行梳理、归纳和总结,为后续研究奠定理论基础。对现在高技术产业创新效率、高技术产业创新活动的影响因素等文献进行综述，分析研究结论并发现研究空白点。基于当前中国高技术产业的发展特点和发展现状，提出本书的研究问题，并进而梳理本书的研究思路。

2.定性分析法

通常情况下，定性分析是定量分析的一个重要基础。在分析高技术产业的产业环境时，利用定性分析方法分析产业环境的主要构成要素。在剖析高技术产业创新系统的内部结构时，结合创新价值链和创新系统来划分高技术产业创新系统的各个子系统。

3.定量分析法

本书采用 DEA 方法分析高技术产业的创新效率。DEA 是根据多项投入指标和多项产出指标，对具有可比性的同类型单位进行相对有效性评价的一种数量分析方法。在分析高技术产业创新过程效率评价时，利用两阶段 DEA 网络模型分析其 R&D 阶段、产业化阶段创新效率及综合效率。利用因子分析法测算产业环境的主要构成因子，进而通过 DEA-Tobit 模型分析高技术产业创新与产业环境各构成因子之间的关系。在分析产业环境与高技术产业创新之间的演化水平时，利用复合系统协同度模型进行分析。

四、技术路线与本书结构

(一)技术路线

本书在文献分析和现实背景分析的基础上提出研究问题，明确研究内容，确定研究目标，形成概念框架，进而运用定性分析和定量研究方法对具体研究目标进行探讨分析，基于数据分析结果，得出研究结论并提出一定的政策建议。本书的技术路线如图 1-2 所示。

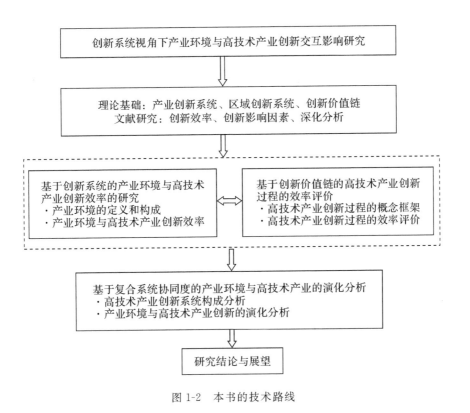

图 1-2 本书的技术路线

（二）本书结构

根据上述分析,本书主要包括六章,各个部分的研究内容如下。

第一章:绪论。主要包括研究背景、研究意义、研究目标和文章的框架结构,并阐述其研究方法和创新之处。首先从国内外技术创新发展背景,分析高技术产业发展的重要性,揭示探讨高技术产业创新活动及其内外部影响因素的重要性。在此基础上,提出本书要研究的主要问题并说明该研究的理论意义和实践意义。然后根据本书的研究目标,阐述了具体的研究内容,并提出其采用的研究方法,指出本书的技术路线和文章结构,并说明本书的主要创新点。

第二章:理论基础与文献综述。该部分主要详细阐述了创新价值链、区域创新系统、产业创新系统等理论基础。并对高技术产业创新效率、高技术产业创新效率的影响因素、高技术产业与产业环境之间关系的国内外文献进行述评。该章的研究有助于准确把握本书的理论基础、了解国内外研究现状,找出当前研究的不足,明确本书的研究方向,为后续研究奠定基础。

第三章:基于创新价值链的高技术产业创新过程的效率评价。以创新价值链为基石,从内部过程的角度分析高技术产业创新活动。首先,构建高技术产业创新过程概念模型,并分析中国 30 个省(区、市)的 R&D 效率和产业化效率。其次,建立一个包括共享投入和额外中间投入的两阶段网络 DEA 模型,打开传统单阶段 DEA 决策单元的黑箱。

第四章:基于创新系统的产业环境与高技术产业创新效率的研究。基于区域创新系统和产业创新系统,从外部产业环境的角度分析高技术产业创新活动。首先,界定高技术产业的产业环境概念并明确其内涵。利用因子分析方法,得到产业环境的三个主要构成要素:区域发展条件、区域消费潜力、各创新主体之间的互动。其次,基于 DEA-Tobit 模型,分析产业环境的各构成要素与高技术产业创新效率(技术效率、纯技术效率、规模效率)之间的关系。

第五章:基于复合系统协同度的产业环境与高技术产业的演化分析。结合高技术产业创新活动的内外部影响因素研究,分析产业环境与高技术产业创新的共同演化。从创新过程和产业环境的视角,剖析高技术产业创新系统的主要构成。利用复合系统协同度模型,构建产业环境与高技术产业创新过程的共同演化评价模型。根据实证结果,分析中国 30 个省(区、市)的产业环境系统与产业投入子系统、产业转化子系统、产业产出子系统的共同演化水平。

第六章:研究结论与展望。总结本书的主要结论,分析本书的不足之处,并在此基础上进一步提出可能的研究方向。

五、本书的主要创新点

本书在分析现有国内外文献的基础上,基于创新价值链、区域创新系统、产业创新系统等理论基础,从创新过程和产业环境两个角度分析高技术产业创新活动的内外部影响因素,并进一步探讨高技术创新与产业环境的互动关系。在一定程度上从理论和实践上丰富和完善了现有研究。具体而言,本书的创新点如下。

(1)基于创新价值链理论,构建高技术产业创新过程概念框架,建立同时考虑"共享投入"和"额外中间投入"的两阶段网络 DEA 模型分析高技术产业创新效率。

(2)基于区域创新系统和产业创新系统,以一种探索性的方式界定产业环境并分析其构成因子,实现创新环境和创新系统研究的结合。

(3)丰富了创新系统的研究。以创新系统为视角,分析高技术产业创新效率与产业环境之间的关系。构建高技术产业创新的开放系统,进而利用复合系统协同度模型,分析高技术产业创新过程与产业环境间的共同演化水平。

六、本章小结

本章从研究的理论背景和现实背景出发,指出高技术产业在中国创新驱动发展战略中的重要意义。基于当前高技术产业创新研究现状,提出本书的研究问题,阐明本书的主要研究内容,分析了本书的理论意义和实践意义,并对本书的研究路线和文章结构安排作了详细说明,为后续章节的开展奠定了基础。

第二章　理论基础与文献综述

一、理论基础与述评

（一）创新价值链

1985年，迈克尔·波特首次在《竞争优势》一书中提出"价值链"理论，价值链理论认为企业的价值创造活动包括基本活动和支持性活动。价值链是一个由相互依存的活动组成的系统，而不是一系列独立活动的简单集合。自此以后，学者们从不同角度对创新价值链进行拓展，包括技术价值链、研发价值链、产业价值链、全球价值链、知识价值链等。Hage and Hollingsworth(2000)提出"创意创新网络"这一概念，包括六个方面的研究，它们是基础研究、应用研究、产品发展研究、生产研究、质量控制研究和产业化/营销研究。创新价值链是技术创新理论和价值链理论的结合，它将创新视为一个循序渐进的过程，主要包括创意产生、创意开发和创意推广三个阶段。管理者需要在这三个阶段中完成六项任务，主要是：创意的内部搜寻、创意的跨部门搜寻、创意的外部搜寻、创意的筛选、创意的开发及其在企业中的推广应用。这六项基本活动组成了一条完整的创新价值链。这些都说明创新的阶段性和复杂性，涉及一系列与创新相关的活动。因此，在研究创新活动时，有必要分析创新过程中不同阶段的优势和劣势。

创新价值链（Innovation Value Chain，IVC）是研究创新活动实现路径以及创新效率问题的有效工具（Hansen and Birkinshaw，2007；Roper et al.，2008；Roper and Arvanitis，2012）。Hansen and Birkinshaw（2007）指出每个企业在获取新思想和实现利润过程中会遇到不同的问题，一些企业有很好的想法但是很难将它们引进市场，而另一些企业在发展阶段表现不足。利用创新价值链框架，企业可以找出创新发展过程中的薄弱环节，然后适当调整以加强这些环节。Hage and Hollingsworth（2000）指出，创新——新产品或新工艺的引进，是知识获取和转化的结果，也是提升创新绩效的起点，并以此为基础构建了爱尔兰和北爱尔兰的制造业企业的创新价值链。基于创新价值链的视角，Roper et al.（2008）比较分析了爱尔兰和瑞士的制造业企业，以探讨爱尔兰企业的 R&D 和创新发展表现优于瑞士企业的原因。国内文献将创新价值链应用于政府创新政策、国际 R&D 投资转移、高校科技创新、企业创新、区域创新等各个领域。谢青和田志龙（2015）以创新价值链为基础，将新能源汽车产业分为研发、产业化、公共领域推广、私人领域推广四个领域，并利用文本分析法分析与中国新能源汽车产业相关的 37 项中央政策。张战仁和李一莉（2015）在全球创新价值链模式下，从动力和影响两个角度论述国际研发投资转移，并阐述了其对中国自主创新升级的启示。于志军（2016）将高等学校科技创新活动分解为知识产出阶段和成果转化阶段，分析各个阶段和整体阶段创新效率变化状况及其内外部影响因素。余泳泽和刘大勇（2013）将创新过程分为知识创新、科研创新和产品创新三个阶段，进而分析创新的空间外溢效应和价值链外溢效应。马云俊（2013）基于创新价值链视角从行业和区域两个方面分析我国大中型制造企业的创新效率。

综合创新价值链的理论分析和实践应用研究，可以看出，将知识转化为商业价值的过程具有结构性和复杂性的特点，技能、资本及环境要素在价值创造过程中发挥着重要作用。创新价值实现过程的复杂性及创新要素的关联性，为创新研究提供了一个新的视角。考虑到本书的研究主体，基于高技术产业创新过程的基本特点，本书将创新活动分为两个子过程：R&D 阶段和产业化阶段。R&D 阶段主要是产生新知识，并将知识应用到创新活动中,包括基础研究、应用研究和新产品开发研究。R&D 活动是产业创新活动的促进因素,能够促进生产率的提升和销售收入的增长(Shefer and Frenkel,2005)。R&D 阶段可以视为创意产生阶段和创意开发阶段的联结。产业化阶段是指将创新成果引入市场,包括制造和营销等经济活动,即将高新技术成果通过试验开发迅速转化为商品并向市场推广的过程。产业化阶段可以视为创意开发阶段和创意推广阶段的联结。因此,高技术产业的创新价值链见图 2-1。

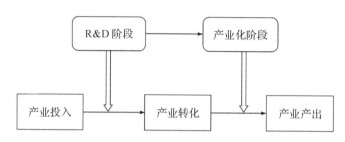

图 2-1　高技术产业的创新价值链

(二)创新系统

自创新系统的概念被提出以来,创新系统被广泛应用于不同领域(吴晓波等,2009)。根据研究对象的差异,学者们从不同视角分析,形成不同的系统范式(于晓宇和谢富纪,2007)。从地理位置视角分析,主要有国家创新系统(Lundvall,1992)和区域创新系统(Cooke,1992;Buesa et al.,2006)。随着经济全球化的深化,一些学者指出创新活动不应受空间因素的限制,提出产业创新系统(Breschi and Malerba,1997;Malerba,2005)和技术创新系统(黄鲁成,2003;陈劲,1999)。随着创新系统的演进,学者们又提出集群创新系统(魏江,2004;Frykfors and Jönsson,2010)、全球创新系统(Spencer,2003)、企业创新系统(李垣和乔伟杰,2002;Zhao and Zheng,2011)、产学研协同创新系统(Eom and Lee,2010;赵镇和唐震,2016)等概念。这些不同视角的创新系统方法的核心理念在于强调创新的"系统范式"(魏江等,2007),成为创新管理研究领域的重要方法。创新系统框架被广泛用于分析创新政策(Edquist,2001),包括一系列要素并强调各要素之间的互动作用(Gu et al.,2016)。

不同水平下的创新系统并非相互排斥而是相互补充,它们可以单独应用(Wang et al.,2016;Fritsch and Slavtchev,2011;Buesa et al.,2010;García-Piqueres et al.,2016)或者联合分析(Kubeczko et al.,2006;Cooke,2002;Chaturvedi,2007;Porto Gómez et al.,2016;Schröder and Voelzkow,2016)。至于如何界定创新系统研究层次如空间层面、产业层面,则主要根据具体的研究对象进行分析(Lundvall et al.,2002)。考虑到中国各省(区、市)的高技术产业创新活动主要涉及产业创新和区域环境两个层面,本书主要对区域创新系统和产业创新系统进行分析。

1.区域创新系统

一个国家内部的区域环境的差异会导致各区域创新活动的显著差异(Sternberg and Rocha,2007)。区域创新系统起源于国家创新系统(Lundvall,1992;Nelson,1993),已经成为研究地理区域的创新活动的理论框架(Fritsch,2002;Wang et al.,2016;Buesa et al.,2010;Buesa et al.,2006)。许多学者从不同角度探讨区域创新系统的定义和结构,这些都奠定了其概念基础。Cooke(1992)首次提出区域创新系统这一概念,后来在《区域创新系统:全球化背景下区域政府管理的作用》中对其进行了详细的阐述。针对区域创新系统,学者们提出了不同的观点。Cooke et al.(1998)将区域创新系统定义为一个系统,"在这个系统内企业和其他组织在一定的制度环境下进行互动学习"。Cooke(2001)从三个重要维度探讨区域创新系统——基础设施、制度和组织。Doloreux(2002)指出一个经济体的创新绩效依赖于企业和研究机构的创新能力,同时依赖于它们与公共机构之间的互动。Buesa et al.(2006)认为区域创新环境主要有四个要素——"区域生产和创新环境、大学、公共机构和企业"。Buesa et al.(2010)在分析欧洲的区域创新的决定因素时,将"国家环境"作为创新系统的一个方面。其他学者也从不同角度探讨了区域创新系统的定义和结构(Li,2009;Lau and Lo,2015)。

虽然学者们从不同角度定义区域创新系统,但是存在一个共识,即区域创新系统主要包括主体要素、功能要素和环境要素三个方面。基于现有研究,本书将区域创新系统视为一个创新网络,一定地理区域内的各创新主体在一系列正式和非正式制度下进行互动来实现知识创造、知识扩散和知识利用。

2. 产业创新系统

在实际应用中,产业通常以不同的方式定义:从狭义上讲,如生物技术产业、航空航天产业等;从广义上讲,如传统产业、高技术产业等。本书从广义上界定产业,即高技术产业。基于创新系统、技术系统和演化经济学,产业创新系统由 Breschi and Malerba(1997)提出,随后学者们对其不断深化研究。从定义来看,Malerba(2002)将产业创新系统定义为"一系列产品和主体进行市场和非市场互动"。从结构来看,产业创新系统包括三个构成部分:知识和技术、主体和网络、制度(Malerba,2005)。为了全面理解产业创新活动,学者们采用产业创新系统研究产业问题,阐明产业构成系统中的基本要素及其相互关系,并分析影响产业创新、产业竞争力的关键因素(Hu and Hung,2014;García-Piqueres et al.,2016;Intarakumnerd et al.,2015;Andersen et al.,2014;Faber and Hoppe,2013;McMahon and Thorsteinsdóttir,2013)。一些学者使用产业创新系统分析特定产业的创新活动,并以此解释产业发展过程中的问题(Intarakumnerd et al.,2015;Hu and Hung,2014;McMahon and Thorsteinsdóttir,2013)。Intarakumnerd et al.(2015)以产业创新系统为框架,对泰国海鲜产业的集聚创新进行案例分析。Andersen et al.(2014)认为产业创新系统文献的三个要素即创新系统与环境依赖性、学习和用户—生产者互动、知识和知识生产的作用,与预见实践相关。García-Piqueres et al.(2016)基于产业创新研究方法,建立模型分析产业创新能力,并用此模型对西班牙的企业进行实证分析。McMahon and Thorsteinsdóttir(2013)通过对再生医学创新的案例分析,强调了一个产业中知识产生和交换所涉及的组织和机构间的主体和联系。

一些学者开始将产业创新系统作为一种管理工具应用到具体产业的研究中。彭勃和雷家骕(2011)基于产业创新系统和国外大飞机产业的发展经验,分析总结大飞机产业创新系统的特点;王明明等(2009)分析了产业创新系统模型的构建,并以中国石化产业创新系统为例进行分析;张治河和谢忠泉(2006)应用产业创新系统分析了我国钢铁产业面临的主要问题,并提出相应的措施来促进其发展;在研究创新型城市建设时,张治河等(2006)在产业创新系统分析框架的基础上,分析了产业创新系统与创新型城市之间的互动等。可以看出,产业创新系统已成为一个分析产业发展及区域创新的有力工具。

产业创新系统的应用已被广泛认可,针对未来的研究,学者们提出两点建议。产业创新系统中的产业通常是一个国家或地区的产业,国家或地区内部的制度环境、技术基础设施等等在很大程度上制约着产业创新系统。正如 Andersen et al. (2014)指出,在分析产业创新系统时应该考虑国家或者地区环境。另外学者们还指出先前研究主要集中在定性研究上,定量的实证分析不足。基于此,结合区域环境要素,将产业创新系统的研究扩展到定量分析是当前研究的一个重要方向。

3.区域创新系统和产业创新系统的比较

区域创新系统和产业创新系统都将创新视为经济发展的根本动力,坚持系统思维。此外,它们不仅强调了各行为主体创新活动的重要性,而且更加重视各主体间的相互联系,并且将创新视为一个互动学习的过程。创新主体主要包括企业、大学、研究机构、创新服务机构等等(Tödtling et al. ,2009)。某一个产业或区域制度(如知识产权和技术标准)对主体的功能及其互动关系有重要影响。从系统的研究边界和主体要素来看,两者存在不同。正如上述,区域创新系统主要强调位置基础,而产业创新系统强调产业特性。另外,尽管两个创新系统里都包含创新主体,各主体在创新系统中的角色和位置却有所不同。例如,区域创新系统通常没有区分创新活动中各主体的重要性(Li,2009),而在产业创新系统中,企业则被视为最重要的主体,是影响创新活动的主要要素。从创新功能视角来看,区域创新系统包括概念创新、制度创新、技术创新和管理创新。产业创新系统则主要集中于企业创新成果,也就是指创新所实现的市场价值。

研究文献表明,创新主体所在的地理区域对于创新活动具有重要影响(Doloreux and Shearmur,2011;Asheim and Gertler,2005),一些不可移动资源、隐性知识、社会文化和制度要素通常限定在一定区域内。Asheim and Gertler(2005)指出,如果不考虑地理区域在创新活动中的基础作用,就不能正确理解创新。由 Gertler et al. (2000)提出的区域创新系统的定义强调了当地状况的重要作用和它们对经济活动的影响。基于以上论述,应结合产业活动区域来分析产业创新活动,这有助于针对具体区域的特点分析产业创新系统。先前的一些研究可以看作是这个方面的尝试(Archibugi et al. ,1999;Porto Gómez et al. ,2016;Porter,1990)。按照 Edquist(2001)的观点,波特的产业集群可以看作是产业和区域创新系统的结合。Archibugi et al. (1999)指出国家创新系统和产业创新系统不应被视为相互排斥的系统,而应将其结合分析。Porto Gómez et al. (2016)基于区域开放和产业创新系统提出一个分析框架,并利用开放式区域创新系统和产业创新系统(ROSIS)方法定性分析西班牙的发展状况。

尽管学者们已经开始尝试研究区域创新系统和产业创新系统的结合,但很少有学者将创新系统框架应用到高技术创新活动中。为了分析高技术产业创新效率的外部影响因素,即产业环境,结合产业创新系统和区域创新系统的观点,研究者可以同时考虑区域创新环境和产业特点。基于区域创新系统和产业创新系统的基本观点,本书引入区域和产业创新系统框架(RSIS)。RSIS 框架主要集中对两个基本方面进行分析:经济主体间的互动和区域状况。具体来说,企业应考虑与其他经济主体和区域状况的互动。此外,RSIS 框架强调了产业创新系统所在的区域环境。创新活动不仅受主体间动态的影响,还受当地文化、制度和经济要素的影响。在下一部分中,主要从这些维度来分析产业环境。

二、相关研究综述

自从 Schumpeter(1934)开创性地提出应将创新视为"经济发展理论"的核心,学者们开始广泛地研究创新活动。研究文献表明,创新是提高生产绩效并获得可持续竞争优势的关键。创新研究包括多个层面,如企业、产业和区域（Lee et al.，2014；Wang et al.，2016；Bernstein and Singh，2006；Hong et al.，2015）。而创新绩效是衡量区域或者产业创新能力的重要指标，也是学者们研究的重点。学者们采用不同的指标来衡量创新绩效，如新产品销售收入、专利数、人均专利数和创新效率等（Kang and Park，2012；Nieto and González-Álvarez，2014；Cruz-Cázares et al.，2013）。张玉明和李凯（2007）用专利数来研究中国 31 个省（区、市）创新产出的空间分布及空间相关性。史修松等（2009）分别从申请专利受理数和新产品销售收入角度对中国区域创新效率及其空间差异进行了研究。Dibiaggio et al.（2014）认为专利引用量可以表明专利的质量，并用授权专利五年内的专利引用量来衡量创新绩效。Wadhwa et al.（2016）认为专利反映了企业创新过程的产出，并用专利数量来衡量企业风险投资者的创新绩效。Alvarez-Garrido and Dushnitsky（2016）用专利和出版物数量作为创业企业的创新绩效的衡量指标。Park and Steensma（2013）以新创企业接受最后一轮 CVC 投资之后三年的专利申请量之和衡量新创企业的创新绩效。这些指标主要从创新投入、创新产出方面评价创新绩效，而创新效率则同时考虑到创新投入和创新产出两个方面，反映了取得创新产出所需付出的努力（Alegre and Chiva，2008）。通常情况下，人们将创新效率定义为将创新投入转化为创新产出的能力，表示为一个或多个创新投入的组合指标与一个或多个创新产出的组合指标的比值。具体来说，给定投入水平下更多的创新产出或者同样的创新产出水平下较低的创新投入，都意味着更高的创新效率。创新效率是高技术产业绩效提升的关键（Cruz-Cázares et al.，2013），这对于理论界和实务界都有重要意义（Guan and Chen，2010；Hong et al.，2016）。基于此，本书用创新效率来衡量高技术产业的创新活动。

（一）高技术产业创新效率的评价研究

企业创新绩效是学者、实践者和政策制定者关注的重点。Lin et al.（2006）分析了技术企业如何利用 R&D 和市场资源将技术资产进行产业化，具体来说，就是通过分析 R&D 强度、知识存量和产业化导向的主要效应及其交互效应对企业绩效的影响来衡量企业的创新绩效。Lin et al. (2008)基于中国 236 家企业的情况,分析了知识管理对于信息技术和企业绩效的中介调节作用。Yang and Liu(2006)研究发现高技术企业的创新扩散与这些企业的竞争强度显著相关,如积极的技术定位和产品发展频率。Lee et al.(2014)发现 R&D 强度和企业探索倾向存在负向关系,技术机会和财务冗余能削弱这种负向关系。Hu(2001)建立了一个实证模型来分析政府 R&D 投入、企业 R&D 投入和中国企业生产率之间的关系。Hong et al.(2015)应用随机前沿分析模型探讨了中国高技术产业的政府补助、企业 R&D 投资和创新效率之间的关系。Zhang et al.(2003)指出,我国国有企业的 R&D 效率和生产效率都低于非国有企业,在非国有企业中,外资企业比集体企业和合资企业具有更高的 R&D 和生产效率。大部分效率评价研究是在一个"黑箱"框架下进行分析,这与创新是一个多阶段的顺序过程这一理论不符(Hage and Hollingsworth,2000;Hansen and Birkinshaw,2007;Porter and Millar,1985)。这些研究通常将创新生产过程视为一个"黑箱",而忽视了企业创新过程具有阶段性特点,也没有考虑在知识转化为收益的过程中创新要素作用的复杂性。

另外有一些学者开始以一种分解的方式来研究创新效率,即考虑到创新过程的内部结构。Hung and Wang(2012)利用两阶段 DEA 模型研究了台湾地区 367 家制造业企业的管理绩效,包括 199 家高技术企业和 168 家其他企业。他们的模型假设第二阶段的投入完全来自于第一阶段的产出,假定创新要素完全线性。Guan and Chen(2010)在第二阶段引入非 R&D 技术创新投入,并表明 R&D 创新投入和非 R&D 技术创新投入共同影响最终市场中的技术创新成果。实证研究为 2002 年和 2003 年中国各省(区、市)高技术产业的创新无效提供了更深的理解。Chiu et al. (2012)构建两阶段评价框架来分析中国 21 个高技术产业的 R&D 效率和产业化效率。除了第一阶段的专利产出,从业人员和固定资产也被计为产业化效率评价的投入。Wang et al.(2013)提出一个 R&D 价值链框架来探讨台湾地区 65 家高技术企业的 R&D 投入的效应和基本的生产活动。这些研究都考虑了第二个阶段的"额外投入",但是没有考虑到共享资源。然而,在现实情境中,共享投入通常用高技术产业不同阶段的合作来获得创新收益。因此,在考虑共享投入时,如何对高技术产业创新过程进行评价是一个值得研究的问题。本书在研究高技术产业创新的内部过程时,考虑了创新过程的阶段性及创新要素的复杂性,构建了高技术产业创新过程的概念框架,进而建立了 DEA 模型以进行效率评价分析。

(二)高技术产业创新效率的影响因素研究

为了提升高技术产业的竞争力,学者们从不同角度研究高技术产业的创新效率的影响因素(Zhang and Lv,2012;Tseng et al.,2009;Hall and Bagchi-Sen,2002;Hong et al.,2015;Brown and Mason,2014;Lin et al.,2010;Hu,2001)。Hong et al.(2015)探讨了中国高技术产业的政府 R&D 资助、企业 R&D 投入和创新效率之间的关系。Tseng et al.(2009)提出了一系列财务和非财务绩效指标,并提出了一个绩效评价模型来分析台湾地区高技术制造企业的创新绩效。Chiu et al.(2012)构建了两阶段分析框架来考察中国 21 个高技术产业的 R&D 效率和产业化效率。Guan and Chen(2010)构建了一个考虑产业化阶段的"非 R&D 技术创新投入"的评价框架,并应用它评价我国各区域的高技术产业活动。Bai et al.(2015)评价了金融危机后国家高新技术区的创新效率。Zhang and Lv(2012)应用分位回归法来分析高技术企业创新绩效的影响因素,研究结果表明,企业规模、R&D 投入、资产负债比和技术效率在不同的绩效分位点对高技术企业创新绩效具有不同的影响。现有对高技术产业创新效率的研究使我们对创新效率的影响因素有了一个整体的把握,包括政府 R&D 资助、知识产权、金融激励、中介机构等,这为本书的研究奠定了一定的基础。

企业的创新活动不仅仅是自身内部的努力,在很大程度上依赖于外部资源及其所处的环境,这一观点已被学者们广泛接受(Furman et al.,2002;Galanakis,2006;Wang et al.,2016)。Furman et al.(2002)指出,国家产业集群所在的创新环境是国家创新能力的重要决定因素。Galanakis(2006)认为,企业在创新过程中受企业内部因素和国家创新环境的影响。Wang et al.(2016)分析了区域创新环境和区域创新效率之间的关系。也有许多学者利用产业创新系统框架分析产业创新现象（García-Piqueres et al. ,2016；Porto Gómez et al. ,2016；Faber and Hoppe,2013；Oltra and Saint Jean,2009）。

综合现有国内外研究可以发现,学者们广泛认可创新系统框架对于分析创新活动的重要性。然而,创新系统视角下对高技术产业创新活动影响机制的研究相对不足。考虑到创新活动的复杂性和系统性,本书以区域创新系统和产业创新系统为基础,分析高技术产业的创新发展环境,并进一步探讨产业环境与创新效率之间的关系。

（三）演化研究

自从 Norgaard(1984)首次将共同演化概念运用于生态经济研究中,学者们就开始从互动的角度研究事物的变化,而且共同演化理论的应用在社会经济领域也取得了一系列进展(李大元和项保华,2007；Winder et al. ,2005；Volberda and Lewin,2003)。Pelikan(2003)将制度经济学与演化经济学相结合,分析了技术和制度之间的共同演化机制。Murmann(2004)运用技术和制度的共同演化分析了英国、德国、法国、瑞典和美国产业演化模式的不同。Tan and Tan(2005)分析了转型经济背景下,我国国有企业的企业战略和环境之间的动态演化过程。Madhok and Liu(2006)基于共同演化视角指出不同水平的共同演化以不同的速度进行,并以此分析了跨国公司竞争优势形成机制。

有学者将共同演化的分析框架拓展到不同层面的实证研究中,包括技术演化、制度演化、经济演化、联盟演化等。刘志迎等(2014)将技术转移系统划分为四个功能各异、相互联系的子系统,即技术开发子系统、技术传播子系统、技术应用子系统、辅助子系统,并利用系统动力学方法对其演化进行动态仿真研究。刘双明(2007)利用复合系统整体协调度模型,研究测算中国 1994—2004 年国际直接投资(FDI)与经济发展之间的协调度。李嘉明和甘慧(2009)基于协同学理论,根据产学研联盟的自组织特征分析了产学研联盟的演化机制。汪良兵等(2014)从复杂系统论的视角出发,将中国高技术产业创新系统分为创新环境、技术研发、技术吸收、创新产出四个子系统,分析了中国高技术产业 17 个子行业间各个创新子系统及整个创新系统的协同度。这些研究为本书提供了坚实的理论基础,而本书的研究焦点是分析创新过程中各个子系统与产业环境系统之间的互动演化作用。产业环境通过影响创新主体的行为,能够影响高技术产业创新活动;反过来,高技术产业创新活动也会通过与产业环境中的要素的互动来影响环境的变化,以创造有利的条件。也就是说,高技术产业创新根植于产业环境并与之共同演化。因此,本书从创新系统思想出发,利用复合系统协同度构建产业环境与高技术产业创新的演化模型。

三、本章小结

本章主要阐述了本书的理论基础和相关研究综述。创新价值链、区域创新系统和产业创新系统是本书的主要理论,是研究分析的理论基础。从高技术产业的创新效率的评价、高技术产业创新效率的影响因素及演化研究三方面对现有文献进行总结分析,找到研究的空白点,为后续研究奠定基础。

第三章 基于创新价值链的高技术
产业创新过程的效率评价

考虑到高技术产业创新活动过程的复杂性,本章基于创新价值链理论,从内部创新过程的角度分析高技术产业创新活动。根据高技术产业创新过程的阶段性及创新要素的关联性,构建高技术产业创新过程框架。通过效率评价分析,找出高技术产业创新发展过程中的薄弱环节,进而分析高技术产业创新活动。

一、高技术产业创新过程概念框架

正如 Roper et al.(2008)所述,创新价值链强调了知识转化为商业价值的结构性和复杂性,并强调了技能、资本投入和企业的其他资源在价值创造过程中的重要作用。Bernstein and Singh(2006)指出综合分析创新过程,需要更好地理解内部组织活动的互动关系。此外,Rothwell(1994)也指出创新过程不是一个可以被划分为一系列不同功能的实体,而是由相互作用和相互依赖的阶段构成。创新是知识的重要来源,能够促进技术进步,尤其对于高技术产业(Tseng et al.,2009)。因此,为了评价中国高技术产业的创新绩效,首要任务是建立一个模型解决下述问题:(1)创新过程的基本框架是什么?(2)这个框架包括哪些要素?(3)这些要素是如何相互联系的?

如前所述,企业通常获取知识并将它们转化为技术和产品,然后通过创新来实现市场收益。在本书中,我们将高技术产业发展过程视为包括两个子阶段的创新过程:R&D 阶段和产业化阶段。R&D 阶段的主要目的是实现基础科学和技术的提升,而产业化阶段的主要目的是将 R&D 阶段产生的技术实现商业化应用。参考高技术产业的相关文献(Guan and Chen,2010;Wang et al.,2013;Chiu et al.,2012),可以帮助我们选择合适的指标来衡量创新绩效。

现有文献主要选择 R&D 活动人员和 R&D 经费支出来分析创新投入(Griliches,1979;Cruz-Cázares et al.,2013;Wang et al.,2016;Hong et al.,2016)。因此,本书选择 R&D 人员全时当量和 R&D 经费内部支出作为核心的创新投入。对于 R&D 阶段的产出,专利申请授权数是最合适的指标(Guan and Chen,2010;Wang et al.,2013;Cappelen et al.,2012;Buesa et al.,2006;Hong et al.,2016;Bronzini and Piselli,2016)。一些学者指出专利不能完全解释实际的创新质量,因为正如 Griliches(1990)的论述,"并非所有的发明都可以申请专利并被授予专利,被授予专利的发明质量存在很大的不同"。虽然简单的专利技术没有考虑对实际创新的质量和经济影响的差异,但相关性分析表明专利和创新间关联紧密$(r=0.934)$(Feldman and Florida,1994)。与其他指标相比,专利能保证知识的原创性,而且更容易实现市场价值(Buesa et al.,2010;Bronzini and Piselli,2016;Grigoriou and Rothaermel,2017)。基于这些考虑,使用专利数量来衡量创新绩效是合理的。另外,Lev(2000)指出专利是衡量 R&D 创新成果的一个重要指标。在本书中,专利申请量被视为 R&D 产出的衡量指标。考虑到新产品开发是反映 R&D 效率的一个重要指标,其也被视为衡量 R&D 产出的一个重要指标。

对于产业化过程,参考 Guan and Chen(2010)的建议,本书选择产业化专门投入作为额外的中间投入。基于实践活动和数据的可获得性,这些额外的中间投入包括新产品开发经费支出、技术改造经费支出和从业人员平均人数。按照一般做法(Spanos et al.,2015;Maietta,2015;Czarnitzki et al.,2011),产业化阶段的最终产出用新产品销售收入衡量。显而易见,在高技术产业中,固定资产和技术资源是共享投入。我们无法准确得知这两种投入在每个阶段所占的具体份额,但是能够知道这两种投入在整个创新过程中的总投入量。考虑到路径依赖效应,我们选择知识资本来表示技术资源。参照 Hu and Mathews(2008)和 Guan and Chen(2010)的做法,本书选择发明专利存量作为技术资源的衡量指标。

以创新价值链为基石,本书提出一个概念框架来分析高技术产业的创新过程。这个概念框架主要分为 R&D 阶段和产业化阶段,并考虑到每个阶段的投入产出状况和共享投入在两个子阶段的分配结构。图 3-1 是基本的概念框架,有助于更好地理解高技术产业的创新过程。

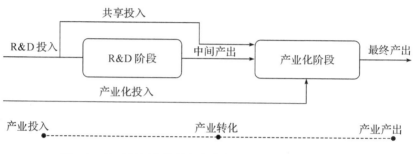

图 3-1　基于创新价值链的高技术产业创新过程概念框架

二、数据来源和方法

(一)数据来源

本章主要研究我国 30 个省(区、市)的高技术产业创新活动。统计信息主要来自《中国高技术产业统计年鉴》和《专利统计公报》(ARPS)。R&D 经费内部支出(R&DE)、R&D 人员全时当量(R&DP)、专利申请数(PA)、新产品开发项目数(NPD)、新产品开发经费支出(ENPD)、技术改造经费支出(ETR)、从业人员平均人数(EP)、新产品销售收入(SRND)和固定资产(FA)选自《中国高技术产业统计年鉴》。发明专利存量(IPS)选自《专利统计公报》。每个指标的详细定义见表 3-1。

表 3-1　高技术创新投入产出变量及其定义

变量	定义
R&D 经费内部支出（R&DE）	内部开展 R&D 活动的实际支出，包括用于 R&D 活动的直接支出，以及间接用于 R&D 活动的管理费、服务费，与 R&D 有关的基本建设支出以及外协加工费等
R&D 人员全时当量（R&DP）	国际上通用的、用于比较科技人力投入的指标，指研究工作者、工程师、设计者和 R&D 相关的人员，对于企业开展创新活动具有重要作用
专利申请数（PA）	企业的年度专利申请量。专利申请类型包括发明专利、实用新型专利和设计专利
新产品开发项目数（NPD）	新产品是指采用新技术原理、新设计构思研制、生产的全新产品，或在结构、材质、工艺等某一方面比原有产品有明显改进，从而显著提高了产品性能或扩大了使用功能的产品。新产品开发项目会实现新产品的开发和新工艺的改善
技术改造经费支出（ETR）	技术改造指将科技成果应用于生产的各个领域（产品、设备、工艺），用先进工艺、设备代替落后工艺、设备，实现以内涵为主的扩大再生产，从而提高产品质量，促进产品更新换代，全面提高综合经济效益
新产品开发经费支出（ENPD）	企业用于开发新产品的支出
从业人员平均人数（EP）	参与生产过程的从业人员数，包括参与生产活动和营销活动的人员
新产品销售收入（SRND）	高技术产业的年度新产品销售收入，代表了新技术所实现的市场价值
发明专利存量（IPS）	省（区、市）水平上总的发明专利数，表明高技术产业可以利用的技术资源。发明专利存量应用于 R&D 阶段和产业化阶段

续表

变量	定义
固定资产(FA)	企业拥有或能控制的累积的全部固定资产,包括支持高技术创新活动的经济资源。固定资产应用于 R&D 阶段和产业化阶段。

参照 Hong et al. (2015)和 Guan and Chen(2010)的研究,本书设定高技术产业中R&D阶段的1年滞后期和产业化阶段的1年滞后期。考虑到统计数据的可获得性及统计口径的一致性,本书研究 2010—2013 年期间中国高技术产业的创新活动,数据范围为 2010—2012 年、2011—2013 年、2012—2014 年、2013—2015 年这四个时间段。对于共享投入,我们选择每个时间段的 3 年的平均值。固定资产利用永续盘存法计算。以 2000 年作为研究的基期,折旧率为 8%,我们选择基期数据除以 10% 作为基期水平。

所有变量都是省(区、市)水平上的高技术产业的统计,总结见表 3-2。30 个省(区、市)在 4 个时间段的投入和产出的描述性统计见表 3-3。从表 3-3 可以看出,这 10 个变量的均值和标准差都在增加,表明中国高技术产业的投入和产出总体上都在增加。较高的标准差表明不同省份的创新绩效不均衡。

表 3-2　投入产出变量及其来源

高技术产业创新过程	变量	单位	数据来源
R&D 投入	R&D 人员全时当量 (R&DP)	万人	《中国高技术产业统计年鉴2011—2014》
	R&D 经费内部支出 (R&DE)	万元	《中国高技术产业统计年鉴2011—2014》
	专利申请数(PA)	项	《中国高技术产业统计年鉴2012—2015》

高技术产业创新过程	变量	单位	数据来源
中间产出	新产品开发项目数（NPD）	项	《中国高技术产业统计年鉴 2012—2015》
	新产品开发经费支出（ENPD）	万元	《中国高技术产业统计年鉴 2012—2015》
产业化投入	技术改造经费支出（ETR）	万元	《中国高技术产业统计年鉴 2012—2015》
	从业人员平均人数（EP）	人	《中国科技统计年鉴 2012—2015》
最终产出	新产品销售收入（SRND）	万元	《中国高技术产业统计年鉴 2013—2016》
共享投入	发明专利存量（IPS）	项	《国家专利统计公报 2011—2016》
	固定资产（FA）	亿元	《中国高技术产业统计年鉴 2011—2016》

表 3-3　投入产出变量的描述性统计分析

变量	2010 年				2011 年			
	均值	标准差	最大值	最小值	均值	标准差	最大值	最小值
R&DP	13302	29133	156235	22	17039	33986	179117	36
R&DE	322588	674425	3630850	722	480284	912061	4809951	361
PA	1807	4678	25961	10	2229	5291	29210	2
NPD	2220	3146	15310	12	2774	4013	19177	16

续表

变量	2010 年				2011 年			
	均值	标准差	最大值	最小值	均值	标准差	最大值	最小值
ENPD	596979	1140802	5812831	1299	709391	1337499	6502335	1374
ETR	101589	175694	960814	420	122983	221371	1225605	670
EP	382270	731644	3614903	4638	422853	777639	3842156	3843
SRND	8522993	17946272	85195533	2253	10409088	20106742	97687742	10065
IPS	10921	14800	59814	219	14420	19337	77675	288
FA	829	1054	5456	16	1061	1336	7037	20
变量	2012 年				2013 年			
	均值	标准差	最大值	最小值	均值	标准差	最大值	最小值
R&DP	20774	41869	224334	66	22341	40175	208174	103
R&DE	597782	1115288	5760005	1486	678064	1251192	6612820	3448
PA	2469	5608	31018	14	2921	6316	34510	5
NPD	3241	4699	22815	18	3162	4432	20461	16
ENPD	809301	1493003	7594487	1009	922150	1774916	9293468	8658
ETR	146837	252521	1159213	1583	124887	180165	877896	1749
EP	431181	769409	3803831	4377	441620	777363	3872690	6933
SRND	11831392	22431334	108574709	11262	13804486	25405176	123288580	55221
IPS	18255	24217	95418	371	23102	30197	115410	492
FA	1342	1642	8703	23	1675	1980	10493	28

（二）两阶段 DEA 网络模型

DEA 模型是由 Charnes, Cooper 与 Rhodes 在 1978 年的论文"Measuring

the efficiency of decision making units"中首次提出,该模型以三位作者名字的首字母命名为经典的 CCR 模型。随后,在此基础上,Banker,Charnes 和 Cooper 发表论文"Some models for estimating technical and scale inefficiencies in data envelopment analysis",将规模报酬不变的 CCR 模型扩展到规模可变的 BCC 模型。CCR 模型和 BCC 模型成为学者们研究 DEA 模型的基础。基于研究需求,学者们以这两个模型为基础,不断对 DEA 模型进行深化,扩展其应用范围。

数据包络分析是评价一组具有多投入与多产出结构的同质决策单元(Decision Making Units,DMU)相对效率的数学规划方法,是一种非参数的评估方法。DEA 模型的基本概念主要包括决策单元、投入和产出要素、参考集和生产可能集。决策单元指的是通过某种工艺将一类"投入"转化为特定"产出"的实体。在现实生产生活中,根据所需要研究的对象,高校、医院、产业、企业、区域等都可以被看作决策单元。投入和产出是 DEA 对决策单元进行评价的基础,要选择合适的投入和产出指标,以得到最有效的评价。参考集(Reference Set)是所有决策单元的集合,而所有投入和产出的集合称为生产可能集(Production Possibility Set)。DEA 方法的基本原理是通过建立规划模型来评价具有多输入多输出的 DMU 的相对有效性。DEA 方法的优势主要有两点:一是不需要事先确定投入与产出之间的生产函数关系形式,利用有效决策单元来定义生产可能集的前沿面,通过计算输出变量与输入变量的加权和之比来度量相应决策单元的效率;二是不需要预先估计参数或者权重,通过求解 DEA 模型得到投入与产出变量的权重,相对客观,避免因主观因素影响效率的评价。此外,DEA 模型通过对生产单元的绩效测量,对所有生产单元进行排序,进一步帮助低效率的生产单元确定标杆和改进方向。由于 DEA 方法的独特优势,自提出以来,其受到国内外学者的关注,并不断深化,已成为经济管理领域中一种重要而有效的数学分析工具,被应用到各行各业,包括教育、银行、投资、体育、制造业、医疗等。考虑到本部分的研究焦点,选择两阶段网络 DEA 模型进行评价分析。

1. 全过程绩效评价模型

前文所述的图 3-1 表示一个考虑共享投入的高技术产业系统的两阶段网络模型。为便于表述,每个区域被视为一个 $DMU_j(j=1,2,\cdots,n)$。令 $Y_{k_1j}(k_1=1,2)$,$Y_{k_2j}(k_2=1)$ 分别表示 R&D 阶段产出和产业化阶段产出。第一阶段的中间产出成为第二阶段的投入。从投入方面来看,X_{i_1j} $(i_1=1,2)$,$X_{i_2j}(i_2=1,2,3)$ 和 $X_{sj}(s=1,2)$ 分别表示 R&D 专门投入、产业化专门投入和共享投入。令分配因子 $\alpha_{sj}(0\leqslant\alpha_{sj}\leqslant1)$ 表示共享投入分配到 R&D 子过程的比例,也就是说,$\alpha_{sj}X_{sj}$ 和 $(1-\alpha_{sj})X_{sj}$ 分别表示分配到第一阶段和第二阶段的部分。根据 Cook and Hababou(2001) 和 Wu et al.(2017)的做法,应该考虑一定的不均衡限制条件,即 $L_{sj}^1\leqslant\alpha_{sj}\leqslant L_{sj}^2$。

按照通常做法(Wu et al.,2016;Chiu et al.,2012),假定被评价的区域 j 为 $DMU_0(DMU_0\in DMU_j)$,R&D 效率为 E_{10},产业化效率为 E_{20}。本书基于 Charnes et al.(1978)的规模报酬不变模型建立两阶段 DEA 模型。第一阶段和第二阶段的规模报酬不变效率分数分别用模型(3.1)和模型(3.2)表示。

$$\text{Max}\quad E_{10}=\frac{\sum_{k_1=1}^{2}v_{k_1}^1 Y_{k_10}}{\sum_{i_1=1}^{2}u_{i_1}X_{i_10}+\sum_{s=1}^{2}u_s^1\alpha_{s0}X_{s0}}$$

$$\text{s.t.}\quad E_{1j}=\frac{\sum_{k_1=1}^{2}v_{k_1}^1 Y_{k_1j}}{\sum_{i_1=1}^{2}u_{i_1}X_{i_1j}+\sum_{s=1}^{2}u_s^1\alpha_{sj}X_{sj}}\leqslant 1 \qquad(3.1)$$

$$L_{sj}^1\leqslant\infty_{sj}\leqslant L_{sj}^2$$

$$v_{k_1}^1,u_{i_1},u_s^1\geqslant\varepsilon$$

$$j=1,2,\cdots,n$$

$$\text{Max}\quad E_{20} = \frac{v_{k_2} Y_{k_2 0}}{\sum_{i_2=1}^{3} u_{i_2} X_{i_2 0} + \sum_{s=1}^{2} u_s^2 (1-\alpha_{s0}) X_{s0} + \sum_{k_1=1}^{2} v_{k_1}^2 Y_{k_1 0}}$$

$$\text{s.t.}\quad E_{2j} = \frac{v_{k_2} Y_{k_2 j}}{\sum_{i_2=1}^{3} u_{i_2} X_{i_2 j} + \sum_{s=1}^{2} u_s^2 (1-\alpha_{sj}) X_{sj} + \sum_{k_1=1}^{2} v_{k_1}^2 Y_{k_1 j}} \leqslant 1 \qquad (3.2)$$

$$L_{sj}^1 \leqslant \propto_{sj} \leqslant L_{sj}^2$$

$$v_{k_2}, v_{k_1}^2, u_{i2}, u_s^2 \geqslant \varepsilon$$

$$j = 1, 2, \cdots, n$$

L_{sj}^1 和 L_{sj}^2 分别是共享投入分配因子的下限和上限。界定具体的区间是为了避免某个子阶段的极值情况（Chen et al. ，2010；Wu et al. ，2015b）。类似于 Liang et al. (2008)和 Chen et al. (2009)，我们假定对于模型(3.1)和模型(3.2)中所有的 $k_1 = 1, 2$，令 $v_{k_1}^1 = v_{k_1}^2 = v_{k_1}$。对于共享投入，假定对于所有的 $s = 1, 2, u_s^1 = u_s^2 = u_s$，因为它们属于同类型的投入。这也与同一因子的算子通常是相同的，不管被如何使用，这一原则相一致 (Kao, 2009)。

参照 Chen et al. (2010)，本书以一种加权效率方式联合两个子阶段的效率作为整体效率 E_0。

$$E_0 = \omega_1 E_{10} + \omega_2 E_{20} \qquad (3.3)$$

注意到 ω_1 和 ω_2 分别是 R&D 阶段和产业化阶段的权重，而且 $w_1 + w_2 = 1$。当且仅当 $E_{1j} = 1$ 时，子阶段 1 才是有效的。同样，当且仅当 $E_{2j} = 1$ 时，子阶段 2 才是有效的。此外，当且仅当 $E_0 = 1$ 时，DMU_0 才是整体有效的。而且按照上述等式可以看出，当且仅当每个子阶段是有效的，整体过程才是有效的。

ω_1 和 ω_2 代表对于给定的决策单元，每个阶段效率对于整体绩效的相对重要性和贡献。对于每个子过程，一个合理的权重选择标准是计算整体资源投入在每个子阶段所占的比例，反映了每个子阶段的相对大小和重要性。参照 Chen et al. (2009)和 Cook et al. (2010)的研究，具体说来，ω_1 和 ω_2 表示如下。

$$w_1 = \frac{\sum\limits_{i_1=1}^{2} u_{i_1} X_{i_1 0} + \sum\limits_{s=1}^{2} u_s \alpha_{s0} X_{s0}}{\sum\limits_{i_1=1}^{2} u_{i_1} X_{i_1 0} + \sum\limits_{s=1}^{2} u_s X_{s0} + \sum\limits_{i_2=1}^{3} u_{i_2} X_{i_2 0} + \sum\limits_{k_1=1}^{2} v_{k_1} Y_{k_1 0}} \tag{3.4}$$

$$w_2 = \frac{\sum\limits_{i_2=1}^{2} u_{i_2} X_{i_2 0} + \sum\limits_{s=1}^{2} u_s (1-\alpha_{s0}) X_{s0} + \sum\limits_{k_1=1}^{2} v_{k_1} Y_{k_1 0}}{\sum\limits_{i_1=1}^{2} u_{i_1} X_{i_1 0} + \sum\limits_{s=1}^{2} u_s X_{s0} + \sum\limits_{i_2=1}^{3} u_{i_2} X_{i_2 0} + \sum\limits_{k_1=1}^{2} v_{k_1} Y_{k_1 0}} \tag{3.5}$$

其中，

$\sum\limits_{i_1=1}^{2} u_{i_1} X_{i_1 0} + \sum\limits_{s=1}^{2} u_s X_{s0} + \sum\limits_{i_2=1}^{3} u_{i_2} X_{i_2 0} + \sum\limits_{k_1=1}^{2} v_{k_1} Y_{k_1 0}$ 代表两阶段网络结构

中包括中间投入的总投入，而 $\sum\limits_{i_1=1}^{2} u_{i_1} X_{i_1 0} + \sum\limits_{s=1}^{2} u_s \alpha_{s0} X_{s0}$ 和 $\sum\limits_{i_1=1}^{2} u_{i_2} X_{i_2 0} +$

$\sum\limits_{s=1}^{2} u_s (1-\alpha_{sj}) X_{s0} + \sum\limits_{k_1=1}^{2} v_{k_1} Y_{k_1 0}$ 分别代表 R&D 阶段和产业化阶段的投入。

因此综合效率 E_0 可用模型(3.6)表述：

$$E_0 = w_1 \cdot \frac{\sum\limits_{k_1=1}^{2} v_{k_1} Y_{k_1 0}}{\sum\limits_{i_1=1}^{2} u_{i_1} X_{i_1 0} + \sum\limits_{s=1}^{2} u_s \alpha_{s0} X_{s0}} +$$

$$w_2 \cdot \frac{v_{k_2} Y_{k_2 0}}{\sum\limits_{i_2=1}^{3} u_{i_2} X_{i_2 0} + \sum\limits_{s=1}^{2} u_s (1-\alpha_{s0}) X_{s0} + \sum\limits_{k_1=1}^{2} v_{k_1} Y_{k_1 0}}$$

$$= \frac{\sum\limits_{k_1=1}^{2} v_{k_1} Y_{k_1 0} + v_{k_2} Y_{k_2 0}}{\sum\limits_{i_1=1}^{2} u_{i_1} X_{i_1 0} + \sum\limits_{s=1}^{2} u_s X_{s0} + \sum\limits_{i_2=1}^{3} u_{i_2} X_{i_2 0} + \sum\limits_{s=1}^{2} v_{k_1} Y_{k_1 0}} \tag{3.6}$$

为了避免在最优情况下，可能存在 $\omega_i = 1(i=1,2)$，按照 Amirteimoori (2013)的做法，我们增加两个限制条件 $w_1 \geqslant a$ 和 $w_2 \geqslant b$，其中 a 和 b 分别表示在计算整体效率时，R&D 阶段和产业化阶段的最小权重。对于一个决策单元，两阶段网络结构的整体效率可以用模型(3.7)计算。

$$\text{Max}\quad E_0 = \frac{\sum_{k_1=1}^{2} v_{k_1} Y_{k_1 0} + v_{k_2} Y_{k_2 0}}{\sum_{i_1=1}^{2} u_{i_1} X_{i_1 0} + \sum_{s=1}^{2} u_s X_{s0} + \sum_{i_2=1}^{3} u_{i_2} X_{i_2 0} + \sum_{s=1}^{2} v_{k_1} Y_{k_1 0}}$$

$$\text{s.t.}\quad \frac{\sum_{k_1=1}^{2} v_{k_1} Y_{k_1 j}}{\sum_{i_1=1}^{2} u_{i_1} X_{i_1 j} + \sum_{s=1}^{2} u_s \alpha_{sj} X_{sj}} \leqslant 1$$

$$\frac{v_{k_2} Y_{k_2 j}}{\sum_{i_2=1}^{3} u_{i_2} X_{i_2 j} + \sum_{s=1}^{2} u_s (1-\alpha_{sj}) X_{sj} + \sum_{k_1=1}^{2} v_{k_1} Y_{k_1 j}} \leqslant 1$$

$$(3.7)$$

$$w_1 = \frac{\sum_{i_1=1}^{2} u_{i_1} X_{i_1 0} + \sum_{s=1}^{2} u_s \alpha_{s0} X_{s0}}{\sum_{i_1=1}^{2} u_{i_1} X_{i_1 0} + \sum_{s=1}^{2} u_s X_{s0} + \sum_{i_2=1}^{3} u_{i_2} X_{i_2 0} + \sum_{k_1=1}^{2} v_{k_1} Y_{k_1 0}} \geqslant a$$

$$w_2 = \frac{\sum_{i_1=1}^{2} u_{i_2} X_{i_2 0} + \sum_{s=1}^{2} u_s (1-\alpha_{s0}) X_{s0} + \sum_{k_1=1}^{2} v_{k_1} Y_{k_1 0}}{\sum_{i_1=1}^{2} u_{i_1} X_{i_1 0} + \sum_{s=1}^{2} u_s X_{s0} + \sum_{i_2=1}^{3} u_{i_2} X_{i_2 0} + \sum_{k_1=1}^{2} v_{k_1} Y_{k_1 0}} \geqslant b$$

$$L_{sj}^1 \leqslant \infty_{sj} \leqslant L_{sj}^2$$

$$v_{k_1}, v_{k_2}, u_{i1}, u_{i2}, u_s \geqslant \varepsilon$$

$$j = 1, 2, \cdots n$$

应用 Charnes-Cooper 转换，将模型(3.7)转化为标准线性规划，上述的分式规划可以转化为线性模型(3.8)。

$$令\ t = \frac{1}{\sum_{i_1=1}^{2} u_{i_1} X_{i_1 0} + \sum_{s=1}^{2} u_s X_{s0} + \sum_{i_2=1}^{3} u_{i_2} X_{i_2 0} + \sum_{s=1}^{2} v_{k_1} Y_{k_1 0}},$$

$$\mu_{i_1} = u_{i1} \cdot t, \mu_s = u_s \cdot t, \mu_{i_2} = u_{i2} \cdot t, \omega_{k_1} = v_{k1} \cdot t, \omega_{k_2} = v_{k_2} \cdot t,$$

$$\beta_{sj} = \mu_s \cdot \alpha_{sj}$$

$$\text{Max} \quad E_0 = \sum_{k_1=1}^{2} \omega_{k_1} Y_{k_1 0} + \omega_{k_2} Y_{k_2 0}$$

$$\text{s. t.} \quad \sum_{k_1=1}^{2} \omega_{k_1} Y_{k_1 j} - \left(\sum_{i_1=1}^{2} \mu_{i_1} X_{i_1 j} + \sum_{s=1}^{2} \beta_{sj} X_{sj} \right) \leqslant 0$$

$$\omega_{k_2} Y_{k_2 j} - \left[\sum_{i_2=1}^{3} \mu_{i_2} X_{i_2 j} + \sum_{s=1}^{2} (\mu_s - \beta_{sj}) X_{sj} + \sum_{k_1=1}^{2} \omega_{k_1} Y_{k_1 j} \right] \leqslant 0$$

$$\sum_{i_1=1}^{2} \mu_{i_1} X_{i_1 0} + \sum_{s=1}^{2} \mu_s X_{s0} + \sum_{i_2=1}^{3} \mu_{i_2} X_{i_2 0} + \sum_{s=1}^{2} \omega_{k_1} Y_{k_1 0} = 1 \qquad (3.8)$$

$$\sum_{i_1=1}^{2} \mu_{i_1} X_{i_1 0} + \sum_{s=1}^{2} \beta_{s0} X_{s0} \geqslant a$$

$$\sum_{i_1=1}^{2} u_{i_2} X_{i_2 0} + \sum_{s=1}^{2} (\mu_s - \beta_{s0}) X_{s0} + \sum_{k_1=1}^{2} \omega_{k_1} Y_{k_1 0} \geqslant b$$

$$L_{sj}^{1} \cdot \alpha_{sj} \leqslant \beta_{sj} \leqslant L_{sj}^{2} \cdot \alpha_{sj}$$

$$\omega_{k_1}, \omega_{k_2}, \mu_{i1}, \mu_{i2}, \mu_s \geqslant \varepsilon$$

$$j = 1, 2, \cdots, n$$

通过求解线性规划(3.8),可以获得最优解 $(w_{k_1}^*, w_{k_2}^*, \mu_{i_1}^*, \mu_{i_2}^*, \mu_s^*,$ $\beta_{sj}^*)$。由于 $\beta_{sj} = \mu_s \cdot \alpha_{sj}$,我们可以得到 $\alpha_{sj}^* = \dfrac{\beta_{sj}^*}{\mu_s^*} (s = 1, 2; j = 1, 2, \cdots, n)$。

通过上述步骤,我们可以获得每个决策单元的整体最优效率和共享投入的最优比例。

2. 子阶段评价模型:效率分解

一旦得到模型(3.8)的最优解,就可以进一步计算每个子阶段的效率分数。但是模型(3.8)可能存在多种最优解,因此每个效率可能不是唯一的。因此,参照 Kao and Hwang(2008)的方法,找出一系列算子使得在保持全过程整体效率不变的情况下,得到最高的 R&D 阶段效率或者产业化阶段效率。

假定模型(3.8)得到的决策单元 DMU_0 的最优综合效率分数为 E_0^*。在保持整体效率分数不变的情形下,利用模型(3.9)可获得子阶段 1

（R&D 阶段）的最大效率 E_{10}^*。

$$\text{Max}\quad E_{10} = \frac{\sum_{k_1=1}^{2} v_{k_1} Y_{k_1 0}}{\sum_{i_1=1}^{2} u_{i_1} X_{i_1 0} + \sum_{s=1}^{2} u_s \alpha_{s0} X_{s0}}$$

$$\text{s.t.}\quad E_{1j} = \frac{\sum_{k_1=1}^{2} v_{k_1} Y_{k_1 j}}{\sum_{i_1=1}^{2} u_{i_1} X_{i_1 j} + \sum_{s=1}^{2} u_s \alpha_{sj} X_{sj}} \leqslant 1$$

$$E_{2j} = \frac{v_{k_2} Y_{k_2 j}}{\sum_{i_2=1}^{3} u_{i_2} X_{i_2 j} + \sum_{s=1}^{2} u_s (1-\alpha_{sj}) X_{sj} + \sum_{k_1=1}^{2} v_{k_1} Y_{k_1 j}} \leqslant 1$$

$$E_0^* = \frac{\sum_{k_1=1}^{2} v_{k_1} Y_{k_1 0} + u_1 + v_{k_2} Y_{k_2 0}}{\sum_{i_1=1}^{2} u_{i_1} X_{i_1 0} + \sum_{s=1}^{2} u_s X_{s0} + \sum_{i_2=1}^{3} u_{i_2} X_{i_2 0} + \sum_{s=1}^{2} v_{k_1} Y_{k_1 0}} \qquad (3.9)$$

$$w_1 = \frac{\sum_{i_1=1}^{2} u_{i_1} X_{i_1 0} + \sum_{s=1}^{2} u_s \alpha_{s0} X_{s0}}{\sum_{i_1=1}^{2} u_{i_1} X_{i_1 0} + \sum_{s=1}^{2} u_s X_{s0} + \sum_{i_2=1}^{3} u_{i_2} X_{i_2 0} + \sum_{k_1=1}^{2} v_{k_1} Y_{k_1 0}} \geqslant a$$

$$w_2 = \frac{\sum_{i_1=1}^{2} u_{i_2} X_{i_2 0} + \sum_{s=1}^{2} u_s (1-\alpha_{s0}) X_{s0} + \sum_{k_1=1}^{2} v_{k_1} Y_{k_1 0}}{\sum_{i_1=1}^{2} u_{i_1} X_{i_1 0} + \sum_{s=1}^{2} u_s X_{s0} + \sum_{i_2=1}^{3} u_{i_2} X_{i_2 0} + \sum_{k_1=1}^{2} v_{k_1} Y_{k_1 0}} \geqslant b$$

$$L_{sj}^1 \leqslant \alpha_{sj} \leqslant L_{sj}^2$$

$$u_{i1}, u_{i2}, u_s, v_{k1}, v_{k2} \geqslant \varepsilon$$

$$j = 1, 2, \cdots, n$$

按照前述表述，模型(3.9)可被转化成模型(3.10)的线性规划形式。

$$\text{Max} \quad E_{10}^* = \sum_{k_1=1}^{2} \omega_{k_1} Y_{k_1 0}$$

$$\text{s.t.} \quad \sum_{k_1=1}^{2} \omega_{k_1} Y_{k_1 j} - \left(\sum_{i_1=1}^{2} \mu_{i_1} X_{i_1 j} + \sum_{s=1}^{2} \beta_{sj} X_{sj} \right) \leqslant 0$$

$$\omega_{k_2} Y_{k_2 j} - \left[\sum_{i_2=1}^{3} \mu_{i_2} X_{i_2 j} + \sum_{s=1}^{2} (\mu_s - \beta_{sj}) X_{sj} + \sum_{k_1=1}^{2} \omega_{k_1} Y_{k_1 j} \right] \leqslant 0$$

$$\sum_{k_1=1}^{2} \omega_{k_1} Y_{k_1 0} + \sum_{k_2=1}^{2} \omega_{k_2} Y_{k_2 0} + u_B - E_0^* \cdot$$

$$\left(\sum_{i_1=1}^{2} \mu_{i_1} X_{i_1 0} + \sum_{s=1}^{2} \mu_s X_{s0} + \sum_{i_2=1}^{3} \mu_{i_2} X_{i_2 0} + \sum_{s=1}^{2} \omega_{k_1} Y_{k_1 0} \right) = 0$$

$$a \cdot \left(\sum_{i_1=1}^{2} \mu_{i_1} X_{i_1 0} + \sum_{s=1}^{2} \mu_s X_{s0} + \sum_{i_2=1}^{3} \mu_{i_2} X_{i_2 0} + \sum_{k_1=1}^{2} \omega_{k_1} Y_{k_1 0} \right) - \quad (3.10)$$

$$\left(\sum_{i_1=1}^{2} \mu_{i_1} X_{i_1 0} + \sum_{s=1}^{2} \beta_{s0} X_{s0} \right) \leqslant 0$$

$$b \cdot \left(\sum_{i_1=1}^{2} \mu_{i_1} X_{i_1 0} + \sum_{s=1}^{2} \mu_s X_{s0} + \sum_{i_2=1}^{3} \mu_{i_2} X_{i_2 0} + \sum_{k_1=1}^{2} \omega_{k_1} Y_{k_1 0} \right) -$$

$$\left[\sum_{i_1=1}^{2} \mu_{i_2} X_{i_2 0} + \sum_{s=1}^{2} (\mu_s - \beta_{s0}) X_{s0} + \sum_{k_1=1}^{2} \omega_{k_1} Y_{k_1 0} \right] \leqslant 0$$

$$\sum_{i_1=1}^{2} \mu_{i_1} X_{i_1 0} + \sum_{s=1}^{2} \beta_s X_{s0} = 1$$

$$L_{sj}^1 \cdot \alpha_{sj} \leqslant \beta_{sj} \leqslant L_{sj}^2 \cdot \alpha_{sj}$$

$$\omega_{k_1}, \omega_{k_2}, \mu_{i1}, \mu_{i2}, \mu_s \geqslant \varepsilon$$

$$j = 1, 2, \cdots, n$$

参照 Kao and Hwang(2008)和 Halkos et al.(2014)的研究,子阶段 2(产业化阶段)效率为 $E_{20} = \dfrac{E_0^* - \omega_1^* E_{10}^*}{\omega_2^*}$,其中 ω_1^* 和 ω_2^* 是由模型(3.8) 得到的最优权重,E_{10}^* 代表在保持整体效率不变的情况下,子阶段 1 获得 的最优效率。但是,考虑到模型(3.8)存在多重最优解,ω_1^* 和 ω_2^* 可能不 是唯一的。因此,与先前研究相一致(Wu et al.,2016),我们提出在保持

总效率 E_0^* 和子阶段 1 的最优效率 E_{10}^* 不变的情况下,求子阶段 2 的最优效率。可获得的最优效率值 E_{20}^{1*} 可由线性模型(3.11)求得。

$$\text{Max} \quad E_{20}^{1*} = \omega_{k_2} Y_{k_2 0}$$

$$\text{s. t.} \quad \sum_{k_1=1}^{2} \omega_{k_1} Y_{k_1 j} - \left(\sum_{i_1=1}^{2} \mu_{i_1} X_{i_1 j} + \sum_{s=1}^{2} \beta_{sj} X_{sj} \right) \leqslant 0$$

$$\omega_{k_2} Y_{k_2 j} - \left[\sum_{i_2=1}^{3} \mu_{i_2} X_{i_2 j} + \sum_{s=1}^{2} (\mu_s - \beta_{sj}) X_{sj} + \sum_{k_1=1}^{2} \omega_{k_1} Y_{k_1 j} \right] \leqslant 0$$

$$\sum_{k_1=1}^{2} \omega_{k_1} Y_{k_1 0} + \omega_{k_2} Y_{k_2 0} - E_0^* \cdot$$

$$\left(\sum_{i_1=1}^{2} \mu_{i_1} X_{i_1 0} + \sum_{s=1}^{2} \mu_s X_{s0} + \sum_{i_2=1}^{3} \mu_{i_2} X_{i_2 0} + \sum_{k_1=1}^{2} \omega_{k_1} Y_{k_1 0} \right) = 0$$

$$\sum_{k_1=1}^{2} \omega_{k_1} Y_{k_1 0} - E_{10}^* \cdot \left(\sum_{i_1=1}^{2} \mu_{i_1} X_{i_1 0} + \sum_{s=1}^{2} \beta_{s0} X_{s0} \right) \leqslant 0$$

$$a \cdot \left(\sum_{i_1=1}^{2} \mu_{i_1} X_{i_1 0} + \sum_{s=1}^{2} \mu_s X_{s0} + \sum_{i_2=1}^{3} \mu_{i_2} X_{i_2 0} + \sum_{k_1=1}^{2} \omega_{k_1} Y_{k_1 0} \right) -$$

$$\left(\sum_{i_1=1}^{2} \mu_{i_1} X_{i_1 0} + \sum_{s=1}^{2} \beta_{s0} X_{s0} \right) \leqslant 0$$

$$b \cdot \left(\sum_{i_1=1}^{2} \mu_{i_1} X_{i_1 0} + \sum_{s=1}^{2} \mu_s X_{s0} + \sum_{i_2=1}^{3} \mu_{i_2} X_{i_2 0} + \sum_{k_1=1}^{2} \omega_{k_1} Y_{k_1 0} \right) -$$

$$\left[\sum_{i_1=1}^{2} \mu_{i_2} X_{i_2 0} + \sum_{s=1}^{2} (\mu_s - \beta_{s0}) X_{s0} + \sum_{k_1=1}^{2} \omega_{k_1} Y_{k_1 0} \right] \leqslant 0$$

$$\sum_{i_1=1}^{2} \mu_{i_1} X_{i_1 0} + \sum_{s=1}^{2} \beta_s X_{s0} = 1$$

$$\sum_{i_2=1}^{3} \mu_{i_2} X_{i_2 0} + \sum_{s=1}^{2} (\mu_s - \beta_{s0}) X_{s0} + \sum_{k_1=1}^{2} \omega_{k_1} Y_{k_1 0} = 1$$

$$L_{sj}^1 \cdot \alpha_{sj} \leqslant \beta_{sj} \leqslant L_{sj}^2 \cdot \alpha_{sj}$$

$$\omega_{k_1}, \omega_{k_2}, \mu_{i1}, \mu_{i2}, \mu_s \geqslant \varepsilon$$

$$j = 1, 2, \cdots, n$$

$$(3.11)$$

同样地,在保持总效率 E_0^* 不变的情况下,可以利用模型(3.12)获得子阶段 2 的效率分数 E_{20}^*。

$$\text{Max} \quad E_{20}^* = \sum_{k_1=1}^{2} \omega_{k_1} Y_{k_1 0}$$

$$\text{s. t.} \quad \sum_{k_1=1}^{2} \omega_{k_1} Y_{k_1 j} - \left(\sum_{i_1=1}^{2} \mu_{i_1} X_{i_1 j} + \sum_{s=1}^{2} \beta_{sj} X_{sj} \right) \leqslant 0$$

$$\omega_{k_2} Y_{k_2 j} - \left[\sum_{i_2=1}^{3} \mu_{i_2} X_{i_2 j} + \sum_{s=1}^{2} (\mu_s - \beta_{sj}) X_{sj} + \sum_{k_1=1}^{2} \omega_{k_1} Y_{k_1 j} \right] \leqslant 0$$

$$\sum_{k_1=1}^{2} \omega_{k_1} Y_{k_1 0} + \omega_{k_2} Y_{k_2 0} - E_0^* \cdot$$

$$\left(\sum_{i_1=1}^{2} \mu_{i_1} X_{i_1 0} + \sum_{s=1}^{2} \mu_s X_{s0} + \sum_{i_2=1}^{3} \mu_{i_2} X_{i_2 0} + \sum_{s=1}^{2} \omega_{k_1} Y_{k_1 0} \right) = 0$$

$$a \cdot \left(\sum_{i_1=1}^{2} \mu_{i_1} X_{i_1 0} + \sum_{s=1}^{2} \mu_s X_{s0} + \sum_{i_2=1}^{3} \mu_{i_2} X_{i_2 0} + \sum_{k_1=1}^{2} \omega_{k_1} Y_{k_1 0} \right) -$$

$$\left(\sum_{i_1=1}^{2} \mu_{i_1} X_{i_1 0} + \sum_{s=1}^{2} \beta_{s0} X_{s0} \right) \leqslant 0$$

$$b \cdot \left(\sum_{i_1=1}^{2} \mu_{i_1} X_{i_1 0} + \sum_{s=1}^{2} \mu_s X_{s0} + \sum_{i_2=1}^{3} \mu_{i_2} X_{i_2 0} + \sum_{k_1=1}^{2} \omega_{k_1} Y_{k_1 0} \right) -$$

$$\left[\sum_{i_1=1}^{2} \mu_{i_2} X_{i_2 0} + \sum_{s=1}^{2} (\mu_s - \beta_{s0}) X_{s0} + \sum_{k_1=1}^{2} \omega_{k_1} Y_{k_1 0} \right] \leqslant 0$$

$$\sum_{i_1=1}^{2} \mu_{i_1} X_{i_1 0} + \sum_{s=1}^{2} \beta_s X_{s0} = 1$$

$$L_{sj}^1 \cdot \alpha_{sj} \leqslant \beta_{sj} \leqslant L_{sj}^2 \cdot \alpha_{sj}$$

$$\omega_{k_1}, \omega_{k_2}, \mu_{i1}, \mu_{i2}, \mu_s \geqslant \varepsilon$$

$$j = 1, 2, \cdots, n$$

$$(3.12)$$

在保持总效率 E_0^* 和子阶段 2 的最优效率 E_{20}^* 不变的情况下,子阶段 1 的最优效率 E_{10}^{2*} 可由线性模型(3.13)求得。

$$\text{Max} \quad E_{10}^{2*} = \sum_{k_1=1}^{2} \omega_{k_1} Y_{k_1 0}$$

$$\text{s. t.} \quad \sum_{k_1=1}^{2} \omega_{k_1} Y_{k_1 j} - \left(\sum_{i_1=1}^{2} \mu_{i_1} X_{i_1 j} + \sum_{s=1}^{2} \beta_{sj} X_{sj} \right) \leqslant 0$$

$$\omega_{k_2} Y_{k_2 j} - \left[\sum_{i_2=1}^{3} \mu_{i_2} X_{i_2 j} + \sum_{s=1}^{2} (\mu_s - \beta_{sj}) X_{sj} + \sum_{k_1=1}^{2} \omega_{k_1} Y_{k_1 j} \right] \leqslant 0$$

$$\sum_{k_1=1}^{2} \omega_{k_1} Y_{k_1 0} + \omega_{k_2} Y_{k_2 0} - E_0^* \cdot$$

$$\left(\sum_{i_1=1}^{2} \mu_{i_1} X_{i_1 0} + \sum_{s=1}^{2} \mu_s X_{s0} + \sum_{i_2=1}^{3} \mu_{i_2} X_{i_2 0} + \sum_{s=1}^{2} \omega_{k_1} Y_{k_1 0} \right) = 0$$

$$\omega_{k_2} Y_{k_2 0} - E_{20}^* \cdot \left[\sum_{i_2=1}^{3} \mu_{i_2} X_{i_2 0} + \sum_{s=1}^{2} (\mu_s - \beta_{s0}) X_{s0} + \sum_{k_1=1}^{2} \omega_{k_1} Y_{k_1 0} \right] = 0$$

$$a \cdot \left(\sum_{i_1=1}^{2} \mu_{i_1} X_{i_1 0} + \sum_{s=1}^{2} \mu_s X_{s0} + \sum_{i_2=1}^{3} \mu_{i_2} X_{i_2 0} + \sum_{k_1=1}^{2} \omega_{k_1} Y_{k_1 0} \right) -$$

$$\left(\sum_{i_1=1}^{2} \mu_{i_1} X_{i_1 0} + \sum_{s=1}^{2} \beta_{s0} X_{s0} \right) \leqslant 0$$

$$b \cdot \left(\sum_{i_1=1}^{2} \mu_{i_1} X_{i_1 0} + \sum_{s=1}^{2} \mu_s X_{s0} + \sum_{i_2=1}^{3} \mu_{i_2} X_{i_2 0} + \sum_{k_1=1}^{2} \omega_{k_1} Y_{k_1 0} \right) -$$

$$\left[\sum_{i_1=1}^{2} \mu_{i_2} X_{i_2 0} + \sum_{s=1}^{2} (\mu_s - \beta_{s0}) X_{s0} + \sum_{k_1=1}^{2} \omega_{k_1} Y_{k_1 0} \right] \leqslant 0$$

$$\sum_{i_1=1}^{2} \mu_{i_1} X_{i_1 0} + \sum_{s=1}^{2} \beta_s X_{s0} = 1$$

$$L_{sj}^1 \cdot \alpha_{sj} \leqslant \beta_{sj} \leqslant L_{sj}^2 \cdot \alpha_{sj}$$

$$\omega_{k_1}, \omega_{k_2}, \mu_{i1}, \mu_{i2}, \mu_s \geqslant \varepsilon$$

$$j = 1, 2, \cdots, n$$

$$(3.13)$$

求解上述模型，可以得到每个模型的最优值 E_{10}^*、E_{20}^*、E_{20}^* 和 E_{10}^{2*}。如果结果满足 $E_{10}^* = E_{10}^{2*}$ 和 $E_{20}^* = E_{20}^{1*}$，则可以得出存在唯一的一个效率分解。

三、实证分析与讨论

(一)实证分析

基于两阶段 DEA 网络模型的构建,我们可以计算出我国 30 个省(区、市)水平上的高技术产业的创新效率。对于共享投入,设定 $0.2 \leqslant \infty_{xj} \leqslant 0.8$ 以符合现实。另外,我们假设每个子阶段在整个阶段的权重不小于 0.3,也就是说,$a = b = 0.3$。

由模型(3.8)、(3.10)、(3.11)和(3.12)得到的 2010—2013 年规模报酬不变结果见附录表 1(1)—表 1(4)。其中,第 2 列报告了我国 30 个省(区、市)的高技术产业创新过程的综合效率 E_j^*。第 3 列和第 5 列分别表示当保持整体效率不变时,R&D 阶段和产业化阶段效率。基于模型(3.11)和模型(3.13)得到最高可获得的产业化阶段效率 E_{2j}^{1*} 和 R&D 阶段效率 E_{1j}^{2*},分别列示在第 4 列和第 6 列。第 7 列和第 8 列表示共享投入(分别是技术资源和固定资产)在 R&D 阶段的最优比例。此外,附录表 1 的最后两行表示 30 个省(区、市)的效率均值和标准差。为了帮助读者们理解,不同情形下的效率的详细说明如下。

E_j^*:每个省(区、市)水平上高技术创新的最优总效率。

E_{1j}^*:保持最优总效率(E_j^*)不变的情况下,每个省(区、市)可获得的最优 R&D 阶段效率。

E_{2j}^{1*}:保持最优总效率(E_j^*)不变的情况下和最优 R&D 效率(E_{1j}^*)不变的情况下,每个省(区、市)可获得的最优产业化阶段效率。

E_{2j}^*:保持最优总效率(E_j^*)不变的情况下,每个省(区、市)可获得的最优产业化阶段效率。

E_{1j}^{2*}:保持最优总效率(E_j^*)不变的情况下和最优产业化阶段效率(E_{2j}^*)不变的情况下,每个省(区、市)可获得的最优 R&D 阶段效率。

根据附录表 1 的结果,可得到下面的研究结论。第一,中国 30 个省(区、市)高技术产业创新总效率在 2010 年、2011 年、2012 年和 2013 年的均值分别为 0.6152、0.5585、0.5485、0.6250,表明我国的高技术产业创新活动有很大的提升潜力。我国应采取有效的措施来提升中国高技术产业创新绩效。第二,2010—2013 年,每年的平均 R&D 效率都高于平均产业化效率。以 2010 年为例,当保持总效率不变时,如果最大化 R&D 阶段效率,R&D 阶段效率和产业化阶段效率均值分别为 0.8144 和 0.4783;当保持总效率不变时,如果最大化产业化阶段效率,R&D 阶段效率和产业化阶段效率平均值分别为 0.6880 和 0.5364。换句话说,我国高技术产业 R&D 阶段创新活动水平高于产业化阶段创新活动水平。结果表明应重视产业化活动以促进高技术产业发展。第三,不同情形下得到的效率的标准差都大于 0.2,表明各省(区、市)的高技术产业创新效率都存在一定的区域差异。效率水平的区域差异验证了 3.1 部分的推论。

为便于说明,我们计算出 2010—2013 年各个效率的均值,分析高技术产业创新效率。由于整个创新过程由两个子阶段构成,只有当两个子阶段都有效时,整体才是技术有效的。表 3-4 表明对于 2010—2013 年高技术产业创新过程,只有小部分区域是整体有效的:北京和广东。这可能是由于当地较好的经济发展水平刺激这些地区引入更先进的生产技术,以实现创新投入的更有效利用。另外,一些区域的创新效率较低,如甘肃(0.3823)、陕西(0.3400)、内蒙古(0.3726)和黑龙江(0.2592)。在未来,这些创新效率水平较低的区域可以通过分析发展良好的区域,找出自身效率不足的原因,也可以学习其他地区的经验,以改善自身高技术创新绩效。从共享投入在 R&D 阶段的最优比例来看,每个区域可以选择如何在不同阶段间分配共享投入。

表 3-4　中国 30 个区域高技术产业创新效率均值(2010—2013 年)

省（区、市）	2010—2013 年效率均值						
	E_j^*	E_{1j}^*	E_{2j}^{1*}	E_{2j}^*	E_{1j}^{2*}	α_{1j}	α_{2j}
北京	1.0000	1.0000	1.0000	1.0000	1.0000	0.5731	0.4676
天津	0.9955	0.9850	1.0000	1.0000	0.9850	0.4084	0.4312

续表

省 （区、市）	2010—2013 年效率均值						
	E_j^*	E_{1j}^*	E_{2j}^{1*}	E_{2j}^*	E_{1j}^{2*}	α_{1j}	α_{2j}
河北	0.4282	0.8526	0.2220	0.3117	0.5280	0.6755	0.6051
山西	0.4124	0.5218	0.2481	0.2734	0.4749	0.5549	0.5454
内蒙古	0.3726	0.4323	0.2516	0.2516	0.4323	0.4387	0.3790
辽宁	0.4088	0.6044	0.2672	0.3479	0.4798	0.6170	0.5712
吉林	0.4886	0.7365	0.1791	0.1791	0.7365	0.5379	0.6020
黑龙江	0.2592	0.5414	0.0596	0.0961	0.3383	0.5480	0.4750
上海	0.5491	0.9477	0.3229	0.4284	0.6590	0.6134	0.6664
江苏	0.7851	0.8687	0.7394	0.8979	0.6600	0.6058	0.6038
浙江	0.7901	0.7593	0.8034	1.0001	0.5810	0.6019	0.5334
安徽	0.5954	0.8906	0.4564	0.5275	0.7015	0.7427	0.6108
福建	0.8825	0.9481	0.8481	1.0000	0.7497	0.5884	0.5681
江西	0.6982	1.0000	0.4947	0.5350	0.9016	0.7645	0.5051
山东	0.6785	0.8865	0.5894	0.7586	0.5922	0.7122	0.5748
河南	0.8078	0.8166	0.8039	0.8276	0.3215	0.3112	0.3080
湖北	0.4898	0.7270	0.3864	0.5041	0.4754	0.6835	0.5775
湖南	0.6157	0.6806	0.5880	0.6746	0.5204	0.6983	0.5746
广东	1.0000	1.0000	1.0000	1.0000	1.0000	0.4526	0.4440
广西	0.4271	0.7567	0.1287	0.1537	0.6386	0.5569	0.5369
海南	0.5445	1.0000	0.1579	0.1579	1.0000	0.8000	0.8000
重庆	0.6444	0.6167	0.5979	0.7127	0.3123	0.6289	0.5241
四川	0.5852	1.0000	0.2881	0.3238	0.8863	0.7563	0.6849
贵州	0.5000	1.0000	0.1934	0.2429	0.7618	0.7132	0.6113

续表

省 （区、市）	2010—2013 年效率均值						
	E_j^*	E_{1j}^*	E_{2j}^{1*}	E_{2j}^*	E_{1j}^{2*}	α_{1j}	α_{2j}
云南	0.4158	0.5912	0.2259	0.3170	0.4865	0.5793	0.5483
陕西	0.3400	0.7621	0.1591	0.2863	0.3777	0.6236	0.5921
甘肃	0.3823	0.5272	0.1877	0.2164	0.4833	0.6601	0.6321
青海	0.4320	0.7520	0.0878	0.1136	0.7400	0.6405	0.6433
宁夏	0.6385	0.9019	0.4433	0.4480	0.8767	0.7903	0.7383
新疆	0.4361	0.6400	0.2079	0.2079	0.6400	0.6927	0.6445
均值	0.5868	0.7916	0.4313	0.4931	0.6447	0.6190	0.5666
标准差	0.2023	0.1708	0.2908	0.3073	0.2094	0.1126	0.0992

为了说明总效率和各子阶段效率的关系，表 3-5 列出了皮尔逊相关系数检验的结果。相关系数的显著性表明总效率与两个子阶段的效率显著相关。相关系数结果（$E_{10}^* < E_{20}^{1*}$；$E_{10}^{2*} < E_{20}^*$）表明，总效率与产业化阶段效率相关性的显著性高于其与 R&D 阶段效率的相关性。换句话说，创新过程无效的主要原因在于产业化阶段。至于两个子阶段之间的相关性，较小的系数值和较弱的显著性水平表明 R&D 阶段和产业化阶段并非显著相关，也就是说，一个子阶段的效率不能显著影响另一个子阶段的效率，这与 Chiu et al.（2012）的研究发现相一致。当保持总效率不变，最大化 R&D 阶段的效率时，6 个省（区、市）在 R&D 阶段是有效的，3 个省（区、市）在产业化阶段是有效的。表明仅仅关注某个子阶段不能提升整体的创新效率。因此打开创新活动的内部转化过程，并分析创新过程中的无效率的原因是重要的。另一个需要考虑的方面是，有 6 个省（区、市）$E_{10}^* = E_{10}^{2*}$，并且 $E_{20}^* = E_{20}^{1*}$，它们是北京、天津、吉林、广东、海南和新疆。这些结果表明只有这些省（区、市）具有唯一的效率分解，也表明了本书中所选用的效率分解方法的有效性和合理性。

表 3-5 各种效率间的皮尔逊相关系数检验结果

创新效率	E_{10}^*	E_{20}^{1*}	E_{20}^*	E_{10}^{2*}
E_0^*	0.651***	0.957***	0.920***	0.561***
E_{10}^*		0.455**		
E_{20}^*				0.245

注:*** $p<0.01$;** <0.05;* $p<0.1$ 表示显著。

为了从一个更广泛的角度分析高技术产业创新过程的效率,我们将 30 个省(区、市)划分为 4 个地区:东部地区、中部地区、西部地区和东北地区。每个地区的省份构成见表 3-6。东部地区的总效率的均值最高,为 0.765;中部地区紧随其后,为 0.603;西部地区为 0.470;东北地区为 0.386。至于总效率的分解,东部地区在每个阶段的效率依然最高。也就是说考虑到 R&D 和产业化要素,中国东部地区的高技术产业创新扮演着"领头羊"角色。这个结论与现实相符合。改革开放以来,中国采取由沿海向内地逐步展开的梯度推进区域发展战略,在东部沿海地区率先进行了经济体制改革和对外开放,给予财政、税收、投资和信贷等一系列特殊的优惠政策。凭借国家政策优势,东部地区在我国经济发展中起领军作用,GDP 和人均 GDP 领先于其他地区。此外,东部地区基础设施最完备,人才集聚能力和研发条件等稳居四大地区之首。10 多年来,中国大力发展外向型经济,东南沿海省份充分利用优越的地理位置,充分利用发达国家的经济和技术转移,影响了该地区创新的广度、深度和效果,因此,该地区创新机制灵活,市场经济作用较强。这些得天独厚的条件吸引了更多高技能人才和优质企业,为高技术产业创新创造了良好的条件。

表 3-6 30 个省(区、市)地区划分

地区	省(区、市)
东部	北京、天津、河北、上海、江苏、浙江、福建、山东、广东、海南
中部	山西、安徽、江西、河南、湖北、湖南

地区	省(区、市)
西部	内蒙古、广西、重庆、四川、贵州、云南、陕西、甘肃、宁夏、新疆、青海
东北	辽宁、吉林、黑龙江

(二)讨论

1.理论意义

第一,利用创新价值链理论,构建两阶段概念框架来评价高技术产业创新活动。这是首次尝试以一个坚固的理论基础将 R&D 活动和产业化活动相联结。高技术产业创新过程概念框架同时考虑"共享投入"和"额外的中间投入"。通过考虑共享投入及共享投入的分配方式,进一步扩展了现有研究。

第二,R&D 效率和产业化效率的差异分析表明产业化效率相对较低。这个结果与先前的研究不太一致。Chiu et al.(2012)的研究表明:2004 年和 2007 年的 R&D 效率高于产业化效率;而在 2005 年和 2006年,产业化效率高于 R&D 效率;他们的研究没有考虑总效率。Guan and Chen(2010)表明在 2002 年和 2003 年,产业化效率略高于 R&D 效率。Wang et al.(2013)研究发现台湾地区的高技术企业的 R&D 效率均值高于产业化效率。这些不一致的结果可能是数据来源、模型设定或者科技政策等方面的差异引起的。另外,本书研究发现引起高技术产业的效率低的原因可能是较低的产业化效率,表明 R&D 成果并未有效地转化为经济价值,这与 Chiu et al.(2012)的论述相符。也就是说,仅仅强调R&D 投资并不是提升创新效率的有效手段,采取一定的激励政策工具促进 R&D 成果的转化更加有效。

第三,我国的高技术产业具有区域特点,扩展了区域创新系统视角。这与同一国家区域环境的差异会导致区域间创新活动的显著差异这一论点相一致(Sternberg and Rocha,2007)。并非 30 个研究区域的 R&D 效率都高于产业化效率。一些省份具有较高的产业化效率，但是 R&D 效率相对较低，如江苏、山东和河南。因此，正如 Guan and Chen(2010) 所强调的那样，政策制定者应因地制宜，结合当地实际情况指导高技术产业创新活动。从四大地区来看，东部地区的高技术产业的创新表现优于其他地区，其他三个地区可以参照东部地区的发展并结合自身实际，进行适当调整。

2.实践意义

本书的研究具有几点实践意义。两阶段网络 DEA 模型有助于当地政府找出高技术产业创新效率低下的原因并采取有效措施提升整体效率。本书的分析框架可以扩展到其他研究中。本书评价和分析了我国 30 个省（区、市）高技术产业创新绩效，结果表明创新不是一个简单的投入产出活动，而是 R&D 阶段和产业化阶段的协同配合。因此，合理平衡 R&D 阶段和产业化阶段对整体创新过程的提升具有关键作用。此外，在创新过程中，有必要找出创新无效的原因并找出更有效的选择。考虑子阶段间的差异和区域差异为提升高技术产业创新绩效提供了一定的指导。

3.政策建议

基于实证结果，本书为提升高技术创新绩效提出了几点指导意见。

第一，考虑到 R&D 阶段和产业化阶段关系的系统特性，政策制定者应强调 R&D 活动和产业化活动的协调发展。此外，基于共享投入的测量，最优分配因子可以为 R&D 阶段和产业化阶段的资源配置提供一定的指导。为了最优化有限资源的使用，不仅仅要关注 R&D 资源的规模而且应分析其配置机制。这个建议呼应了 Lee et al. (2014) 的论述：鼓励技术路线图的使用。从共享投入的最优分配比例来看，每个省份应该选择共享投入在 R&D 阶段和产业化阶段的最优配置。以 2011 年的北京为例，技术资源和固定资产在 R&D 阶段的最优比例分别是 0.6125 和 0.4511。换句话说，产业化阶段的最优比例应该分别是 0.3875 和 0.5489。

R&D成果的转化率较低可能是以下原因引起的。"沉睡专利"是主要原因,也就是说,一部分专利既没有被内部使用也没有在市场中进行交易(Torrisi et al.,2016)。过于强调专利申请而忽视专利使用将会导致低质量水平的专利产生,如"专利泡沫"现象,这些专利偏离市场需求而且不能被成功商业化。另外,相关技能人才和知识的缺乏将会阻碍R&D成果转化为有效生产力。在这种情况下,政策制定者的首要任务是注重创新活动的最终成果,而不是盲目地提供税收优惠或其他政策来促进R&D投资。因此,应该建立专利评估机构健全专利审查机制并建立授权专利的评价机制。另外,应考虑向开放式创新模型转化(Hu et al.,2015;Mortara and Minshall,2011),包括推进外向型开放式创新(Cassiman and Valentini,2016)、建立技术交易平台(如丹麦的"IP Marketplace"和德国的"Innovation Market")、建立众包平台(如 Odeskm,Elance,Freelancer)、促进技术中介的发展、加强产学研合作等等。

最后,本书表明中国的高技术产业创新活动存在很大的区域差异,中央人民政府对各地方政府的考核,应遵循实事求是和科学发展需要的原则,制定区域政策,实施分类考核。比如:河北、山西、广西和海南应注重促进R&D成果的转化;而山东和江苏应该注重提升R&D效率;其他省份如新疆、甘肃、重庆和云南应同时注重R&D过程和产业化过程。分析不同阶段的影响因素也很重要。

四、本章小结

本章利用数学模型,主要从R&D阶段和产业化阶段分析了高技术产业的创新效率。基于创新价值链理论,构建高技术产业创新过程的评价框架。考虑到高技术产业创新活动中的共享投入和额外中间投入,建立了两阶段网络DEA模型,分析了中国各省份高技术产业的R&D效率、产业化效率及综合效率。实证分析表明,对于大部分省份,产业化效率低于R&D效率,皮尔逊相关系数检验结果表明,R&D阶段效率和产业化阶段相关性不强。最后总结了本章的理论意义、实践意义,并提出相应的政策建议。

第四章　基于创新系统的产业环境和高技术产业创新效率的研究

　　第三章主要从高技术产业的内部创新过程分析其创新活动。高技术产业的创新活动受其所处环境的影响,因此本章主要从外部环境的角度分析其创新活动。

　　考虑到隐性知识和非对称知识的流动受区域边界的影响,各地区社会文化和制度存在差异。从实践角度分析,创新活动的相关数据主要以省份为单位进行统计。结合区域创新系统的相关文献研究,本书以各个行政区域的高技术产业为分析单位。遵循学者的通常做法(Guan and Chen,2010;Wang et al. ,2015),区域创新系统单元以省、自治区、直辖市为基础进行划分。另外,由第二章文献综述可知,产业创新系统被广泛用于分析具有高创新性、高动态性、多主体参与的产业活动。因此,从产业创新系统的角度分析高技术产业创新活动具有重要意义。然而,鲜有学者从创新系统的角度分析转型经济体中高技术创新活动的影响因素。因此,本章主要从创新系统视角探讨产业环境的内涵和构成要素,并进一步分析各个构成要素对高技术产业创新效率的相对重要性。先通过文献分析选取产业环境的相关指标,利用因子分析方法,分析出其主要构成要素。在此基础上,选择 DEA-Tobit 模型分析产业环境和高技术产业创新效率之间的关系。

一、产业环境

基于上述论述,本部分分析高技术产业所在的创新环境,即产业环境。主要从定义和构成要素两方面阐述。

(一)产业环境的定义和构成

尽管先前研究已经分析了几个重要的环境指标,但一个综合的分析框架还有待研究。参考创新活动的"系统"方法,结合产业经济学文献,本书将产业环境定义为"产业所在的区域环境,包括一系列通过市场和非市场互动影响产业创新能力和效率的支持要素"。现有的关于产业环境的研究主要与分析促进创新的环境变量有关(Woo et al.,2015;Chen,2017)。在本书中,我们提出产业环境可被视为各种要素的联合,共同影响企业的创新活动。一个核心要素就是产业环境是知识共享的网络,是由市场和非市场互动形成的,如产学研合作或者中介机构的支持。考虑到创新活动的动态性特征,各主体间的互动必不可少。创新活动的网络性促使产业通过互动进行生产、创新和学习。外部的区域创新环境是产业环境的定义中强调的另一要点。相比于产业间的互动,产业组织和外部网络之间的知识、信息和资源的交换同样应被重视。产业创新系统中的主体应该与区域资源建立系统关系,避免发生"锁定"现象(Narula,2002)。企业是创新的核心,将不同来源的知识结合并用于企业活动中。另外,主体作用的方式受区域状况包括研究和教育机构、人力资本、基础设施和支持性政策的影响。因此,本书的定义将产业创新系统的要素和空间维度相结合,同时结合经济、地理和制度来分析产业创新活动的演变。正如上述,产业环境的概念主要源于区域创新系统和产业创新系统。它与区域创新环境的主要不同点在于它将高技术企业视为核心,其他非企业组织扮演支持性角色。另外,本书定义的产业环境主要集中在高技术产业的创新环境,并强调市场和非市场互动。产业创新系统在很大程度上属于一定的区域环境,技术基础设施和区域市场,因此本章同时也考虑了区域创新系统的特点。按照这种逻辑,本书从三个方面阐述高技术产业创新活动的产业环境:区域创新环境、高技术产业创新主体及其互动、制度环境和技术机会。基于"区域创新环境""环境"和"高技术产业"的相关研究,这三个类别的定义如下。

1.区域创新环境

Porter(1990)指出当区域环境允许并支持产业发展时,产业将获得竞争优势。因此,在研究产业发展时有必要考虑区域创新环境。基于先前文献,区域创新环境包括知识存量、需求状况、支持性组织、可利用的人力和物质资源、贸易开放度和区域基础设施。

知识存量指开展创新活动所需要的知识供给(Faber and Hoppe,2013)。内生增长理论也强调了知识存量对于创新发展的重要性(Romer,1989)。参考 Furman et al.(2002)的做法,本书选择人均 GDP 和专利存量来衡量知识存量。

Porter(1990)也强调了需求状况有助于创新者提出新方案并引入新产品。高水平的需求状况能刺激新产品和服务的提供,并促进新技术的出现。为了满足消费者对于产品质量、环境保护和技术绩效的需求,生产者会不断进行创新以达到消费者的期望。正如 Bodas Freitas et al.(2015)指出的那样,通过影响消费水平,区域经济水平能够影响消费者的购买决策。区域经济水平主要由 GDP、人均 GDP 和人均可支配收入来衡量。

支持性组织主要指促进创新活动的主体,包括政府、大学、中介组织和金融机构。虽然企业是创新过程的核心要素,但是支持性组织是促使创新活动正常运转的要素。通常,政府为创新企业提供政策激励并协调各创新活动。考虑到高技术产业存在正外部性,政府通常会为创新企业提供一定的政策支持,包括 R&D 补助和基金支持,以引导高技术产业的投资(Hong et al.,2016c)。大学和研究机构通过开展基础研究和人员培训提供智力支持(Li,2009;Feldman,1994),在为各种 R&D 团体提供交流平台的同时,他们也促进了知识的交流。中介机构主要指技术转移机构,有利于知识在用户和生产者之间的扩散(Li,2015)。相比于传统产业,高技术产业有更高的资金需求,所以通过金融机构获取资金尤为重要

(Castellacci and Lie,2015)。本书中选用的指标主要包括:研究与开发机构数、研究与开发机构从业人员数、研究与开发机构 R&D 经费内部支出、"211 工程"高校数目、高等学校 R&D 人员数量、政府财政支出中的科学技术支出比例、政府财政支出中教育支出比例、技术市场交易额等。

高技术产业属于人才密集型和技术密集型产业,其发展主要依赖于创新人员和可利用的物质资源。对应的指标主要有:R&D 人员全时当量、R&D 经费内部支出、R&D 投入强度和人力资源的教育水平。

良好的基础设施包括交通基础设施和信息基础设施,对于技术吸收和产业化能力有重要影响(Buesa et al.,2006)。交通基础设施主要指铁路网络的密度(Bodas-Freitas et al.,2015)。信息基础设施有助于将技术机会转化为竞争性市场优势(Wang et al.,2015),主要用分地区铁路营业里程、分地区公路里程、分地区旅客周转量、互联网普及率、电话普及率等指标衡量。

贸易开放度主要是指一个区域参与国际贸易的情况,能够影响生产和分销效率(Fu,2008)。国际贸易和投资能够促进资源流通、知识溢出和市场竞争(Li,2009;Bodas Freitas et al.,2015)。本书主要选取的指标有:货物进出口总额和外商直接投资。

2.高技术产业创新主体及其互动

正如产业创新系统研究中所强调的,产业系统包括各参与主体和各主体之间的互动。在高技术产业中,创新主体包括高技术企业、大学、研究机构和中介组织。企业是创新活动的主导者,主要通过研发、试验和新产品开发来开展创新活动。支持性组织在知识扩散、金融支持、监管规制和激励等方面扮演着重要角色。各主体通过正式或非正式活动进行互动,以实现技术、知识、信息和资源的交换。通过与支持性主体合作,高技术企业可以进一步提升自身的创新效率。基于此,我们可以推定各创新主体之间的关系能够影响高技术产业的创新效率。因此,我们应同时考虑各主体的创新努力以及各主体间的互动。

产业和学术机构间的合作能促进知识转移,有利于创新成果的市场化。由于缺乏直接的衡量指标,参考 Li(2009)的研究,本书选择用主体间的资金流动来衡量主体间的互动水平。区域技术市场合同交易额是衡量区域中各创新主体之间合作强度的主要指标。政府和企业之间的互动主要用政府对企业的 R&D 投入来衡量。

3.制度环境和技术机会

制度要素包括规则、制度、既定准则、技术标准、R&D 政策等会影响创新活动的因素。换句话说,制度环境形成"游戏规则",这对产业创新绩效极为重要。Li and Shiu(2012)指出中国具有文化同质性,政策相似,法律和公认准则通常在国家层面制定,因此当进行区域比较时,可以不考虑各区域间的制度差异(Li,2009)。参照 Wang et al.(2015)和 Li(2009)的做法,本书并未考虑制度要素。

技术机会是刺激创新活动的另一个重要方面(Hu,2001;Lee et al.,2014;Dolfsma and Seo,2013)。技术机会反映了给定区域内技术和资源的创新潜力,同时也代表了对新产品和技术的市场需求。受"技术推动"启发(Cohen et al.,2002),本书将技术机会视为新科技知识对高技术产业的影响,以及实现技术进步的可能性。通常来说,拥有更多技术机会的企业会倾向于进行创新投资并从创新活动中获得更大的收益(Lee et al.,2014;Nieto and Quevedo,2005)。与先前研究一致,本书主要用新产品销售收入和高技术产业的 R&D 强度来衡量技术机会。

(二)因子分析

上述变量的选取主要参考创新系统研究及创新活动相关的实证研究。考虑到变量间的相关性和多样性,会给统计方法的应用带来许多障碍。因子分析是一个多变量统计方法,主要是将变量归类为几个因子,既能减少变量个数,同时又能保留大部分原始信息。基于此,本书应用因子分析来探讨产业发展环境的构成因子。首先分析各变量之间的相关性,具有高相关性的变量通常被同一个因子影响,不相关的变量通常被不同因子影响。通过使用因子分析,一系列变量可以被归结为几个因子,这些因子总结了原始变量中的大部分信息。

本书的实证分析主要基于我国 30 个省(区、市)的高技术创新活动的统计数据(考虑到数据的缺失,西藏未列入其中),数据为 2010 年至 2013 年的统计值。根据文献研究及数据的可获得性,最后统计得到 38 个变量。统计信息主要来源于《中国统计年鉴》《中国高技术产业统计年鉴》《中国区域经济统计年鉴》《中国科技统计年鉴》。为消除价格因素的影响,对所有货币变量进行 GDP 平减指数调整。最后,通过因子分析技术得到 19 个变量。相关系数矩阵中大部分变量相关;变量的 KMO 值是 0.832,表明变量相关性强,变量间共同因子多,研究数据适合进行因子分析。用相关系数矩阵求出相应的因子特征值和累计贡献率,在累积方差为 90.14%(>90%)的前提下,得到 3 个主因子。经检验,这 3 个主因子满足因子分析的基本原则,占原始资料信息的 90.14%。为了更好地理解因子分析的归类变量,经正交转换得到因子旋转矩阵,见表 4-1。

表 4-1 因子旋转矩阵

变量	区域发展条件 (RDC)	区域消费潜力 (RCP)	创新主体之间 的互动 (IIA)
互联网上网人数	0.961		
GDP	0.945		
人口数	0.930		
互联网宽带接入端口	0.906		
旅客周转量	0.904		
R&D 人员全时当量	0.829		
R&D 经费内部支出	0.721		
规模以上工业企业研发经费内部支出额中获得金融机构贷款额	0.689		
R&D 经费外部支出	0.567		
互联网普及率		0.906	
电话普及率		0.879	

续表

变量	区域发展条件 （RDC）	区域消费潜力 （RCP）	创新主体之间 的互动（IIA）
人均 GDP		0.859	
居民消费水平		0.858	
城镇居民可支配收入		0.852	
政府 R&D 投入			0.928
"211 工程"高校数目			0.925
技术市场成交额			0.894
高等学校 R&D 经费内部支出			0.850
高等学校 R&D 人员数量			0.746

注：因子提取方法为主成分分析法。旋转方法为最大方差法。

根据这些变量的特点，作者将 3 个主因子命名为区域发展条件（RDC）、区域消费潜力（RCP）和创新主体间的互动（IIA）。区域发展条件（方差贡献率为 35.57%）衡量了信息基础设施、交通基础设施、经济基础、金融状况和科技资源，代表创新基础的可利用性。区域消费潜力（方差贡献率为 28.92%）包括消费能力和消费意识。创新主体间的互动（方差贡献率为 25.65%）指不同创新主体之间的互动，包括信息、知识和资金之间的交流。可以看出，提取出的因子与产业环境的定义相一致。

二、产业环境和高技术产业的创新效率

本部分主要研究产业环境和中国高技术产业创新效率之间的关系。首先，应用 DEA 模型分析高技术产业的技术效率、纯技术效率和规模效率。在此基础上，研究产业环境各因子对三种创新效率的影响。

（一）高技术产业的创新效率

为分析创新效率，目前研究主要采用两种方法：随机前沿分析（SFA）

和数据包络分析(DEA)。两种方法都被广泛应用在实证分析中,并且各有优势和不足。SFA 主要要求有具体的函数形式,并且产出变量是单变量(Aigner et al.,1977;Meeusen and Van den Broeck,1977;Battese and Corra,1977)。DEA 主要用于分析多投入多产出的各决策单元(DMUs)相对效率的一种数学规划方法。作为一种非参数技术,DEA 被应用到各个领域的效率分析中,如商业银行、区域创新、农业经济学、医院和企业等(Fu et al.,2007;Guan and Chen,2010;Chen et al.,2012;Liang et al.,2006)。考虑到 DEA 模型的灵活性,本书采用 DEA 方法来评价中国高技术产业的创新效率(IE)。投入指标是 R&D 人员全时当量(R&DP)和 R&D 经费内部支出(R&DE),产出指标主要包括专利申请数(PA)和新产品销售收入(SRND)。投入和产出指标列在表 4-2,描述性统计分析见表 4-3。可以看到,这四个变量的均值和标准差呈增长趋势(除了 2013 年 R&D 人员全时当量的标准差外),说明高技术产业的投入和产出都在增加。较高的标准差表明不同省(区、市)之间的不均衡性。考虑到中国的非均衡区域发展,包括中国的非均衡发展战略,不平衡的区域经济以及产业结构差异性,这个推断是符合实际的。

表 4-2 变量定义和来源

类别	变量	定义	数据来源
投入	R&DP	R&D 人员全时当量	《中国高技术产业统计年鉴 2011—2014》
	R&DE	R&D 经费内部支出	《中国高技术产业统计年鉴 2011—2014》
产出	PA	高技术产业的专利申请数	《中国高技术产业统计年鉴 2011—2014》
	SRND	高技术产业的新产品销售收入	《中国高技术产业统计年鉴 2011—2014》

表 4-3　投入和产出数据的描述性统计分析(2010—2013 年)

统计量	R&DP	R&DE	PA	SRND
2010 年				
均值	13302	322588	1989	6935683
标准差	29133	674425	4857	14247957
最大值	156235	3630850	26740	68151397
最小值	22	722	2	3054
2011 年				
均值	17039	444707	3375	7678372
标准差	33986	844501	7363	16167813
最大值	179117	4453658	39338	76752732
最小值	36	334	2	2030
2012 年				
均值	20774	520657	4260	9211582
标准差	41869	992560	8537	17793577
最大值	224334	5189194	45449	86449329
最小值	66	1339	3	8907
2013 年				
均值	22340	600057	4767	10378414
标准差	40175	1107250	9343	19676608
最大值	208174	5852053	49691	95240973
最小值	103	3051	16	9879

数据来源:《中国高技术产业统计年鉴》。

　　假设有 n 个待评价的 DMUs,每个 $DMU_j(j=1,2,\cdots,n)$ 有 m 个投入和 s 个产出用向量,分别表示为 $X_j=(x_{1j},x_{2j},\cdots,x_{mj})^{\mathrm{T}}$ 和 $Y_j=(y_{1j},$

$y_{2j}, \cdots, y_{sj})^{\mathrm{T}}$。原始的 DEA 模型（CCR 模型）假定规模报酬不变。考虑到创新主体能决定创新的投入水平而不是产出水平，本书选择投入导向的 DEA 模型进行分析。CCR 模型的线性规划形式如模型（4.1）所示：

$$\text{Min}\theta$$

$$\text{s. t.} \quad \sum_{j=1}^{n}\lambda_{j}x_{j} - \theta x_{0} \leqslant 0$$

$$\sum_{j=1}^{n}\lambda_{j}y_{j} - y_{0} \geqslant 0 \tag{4.1}$$

$$\lambda_{j} \geqslant 0$$

考虑到高技术产业的创新活动的复杂性，有必要将"规模效应"考虑在内。BCC 模型增加了限制等式 $\sum_{j=1}^{n}\lambda_{j} = 1$，假定规模收益可变（Banker et al.,1984）。使用 CCR 模型和 BCC 模型，可以计算得到技术效率（TE）和纯技术效率（PTE）。规模效率（SE）是技术效率和纯技术效率的比率，也就是说，技术效率＝纯技术效率×规模效率。通常来说，技术效率是指被评估决策单元在给定投入的情况下获得最大产出的能力；纯技术效率是指在考虑规模效应影响的情况下，决策单元在给定投入下获得最大产出的能力；规模效率是指当决策单元处于规模报酬递减或递增的时候，决策单元偏离规模报酬的程度。因此，纯技术无效率是指在最优规模下，在将投入转化为产出的过程中创新过程的无效性，而规模无效率主要指偏离最优的生产规模（Çelen,2013）。此外，分析规模效率有助于分析产业的规模收益状况。

为了分析高技术产业创新效率的变化情况，按照 Charnes et al.（1989）的做法，本书将 4 年的观察值混合，将 30 个区域中每一个区域在每一年的情况看作是一个不同的决策单元（DMU）。因此，每个区域有 4 个决策单元，共有 120 个区域—年份组合。用 CCR 模型和 BCC 模型分别评价 120 个 DMUs，得到技术效率、纯技术效率和规模效率。根据 Seiford and Zhu（1999）的研究，规模报酬（RTS）包括规模报酬递增（IRS），规模报酬不变（CRS）和规模报酬递减（DRS）。效率分数和规模报酬类别见附录表 2。创新效率的描述性统计见表 4-4，规模报酬类别见表 4-5。技术效率的均值由 0.4193 增加到 0.5527;纯技术效率的均值由 0.4996 增加到 0.6443;规模效率的均值在 0.8461 与 0.8852 之间。表 4-4 的最后一行是 3 种创新效率在 4 年内的均值和标准差。技术效率、纯技术效率和规模效率的均值分别是 0.5023,0.5910 和 0.8711,表明高技术产业的创新效率有待提升。较低的纯技术效率表明投入和产出的合理组合能够提升创新效率。规模效率可以通过产业规模的变化进行提升。从分解的角度看:纯技术效率是技术无效的主要原因;标准差表明各省份间的技术效率差异大于规模效率差异。

表 4-4　我国 30 个区域高技术产业的创新效率(2010—2013 年)

年份	技术效率(TE)		纯技术效率(PTE)		规模效率(SE)	
	均值	标准差	均值	标准差	均值	标准差
2010	0.4193	0.1855	0.4996	0.2377	0.8845	0.1800
2011	0.5049	0.2078	0.5904	0.2612	0.8852	0.1447
2012	0.5323	0.2465	0.6297	0.2597	0.8461	0.1655
2013	0.5527	0.2142	0.6443	0.2558	0.8688	0.1092
2010—2013	0.5023	0.2206	0.5910	0.2600	0.8711	0.1530

为了进一步分析创新效率的区域差异,我们计算每个省份的技术效率在 4 个年份的均值。结果显示,技术效率较高的区域是北京、天津和重庆,可能是由于良好的经济条件促使这些区域引进更多先进的生产技术,创新投入得到有效的利用。另外,一些区域的创新效率水平较低,如青海(0.2130)、陕西(0.2100)和甘肃(0.3320)。总之,中国的东部区域在中国高技术产业创新活动中占领先地位,这也反映了现实状况。创新效率的地理差异主要是由一系列吸引高技术人才和优质企业的优惠政策造成的。灵活的创新机制和较强的市场经济角色促使这些区域的企业成为创新者。

由表 4-5 可知,只有 4 个决策单元具有最优的生产规模。92 个决策单元规模收益递减,也就是说,在给定的创新投入下,创新产出不足。24

个决策单元规模收益递增,也就是说,增加创新投入能够带来较高比例的创新产出的增加。规模收益分析可以帮助分析资源配置问题。在此,我们不再详述,读者们可以参考 Charnes et al.(1989)的研究进一步理解规模收益问题。

表 4-5　120 个决策单元的规模报酬分类　　　　（单位:个）

年份	规模报酬递增	规模报酬不变	规模报酬递减
2010	11	1	18
2011	5	0	25
2012	5	2	23
2013	3	1	26
2010—2013	24	4	92

(二)产业发展环境和高技术产业创新效率的关系

通过计算创新效率和因子得分,我们可以利用回归分析进一步计算环境变量对不同类型创新效率的影响。由于因子变量是正交变量,因此不存在多重共线性问题。创新效率的取值在 0 与 1 之间,属于受限变量。考虑到数据属性,本书选择 Tobit 模型来估计回归(Tobin,1958)。因变量是三种创新效率:技术效率、纯技术效率和规模效率。解释变量是三个因子对应的因子得分,表明创新活动开展的产业发展环境。估计结果见表 4-6。

表 4-6　Tobit 回归模型的估计结果

因子	技术效率		纯技术效率		规模效率	
	相关系数	t 值	相关系数	t 值	相关系数	t 值
区域发展条件	0.0135	0.69	0.0965***	3.67	−0.0484***	−3.59
区域消费潜力	0.0530***	2.71	0.0896***	3.63	−0.0213	−1.58

续表

因子	技术效率		纯技术效率		规模效率	
	相关系数	t 值	相关系数	t 值	相关系数	t 值
创新主体之间的互动	0.0639***	3.14	0.0556**	2.19	0.0284*	1.96
N	120		120		120	
LRchi2	16.69		28.57		18.01	
Log likelihood	9.70		−26.96		53.31	
Sigma	0.2130		0.2638		0.1466	

注:*** $p < 0.01$;** $p < 0.05$;* $p < 0.1$。

正如表 4-6 所示,产业发展环境的三个因子对不同的创新效率具有不同的影响。就区域发展状况而言,其相关系数在纯技术效率模型和规模效率模型中都是显著的。区域发展状况每增加一个单位,纯技术效率分数就增加 0.0965,但是规模效率分数降低 0.0484。负值表明在给定的创新资源下,中国的高技术产业创新效率不足。乍看之下,这个结果与一系列表明创新资源影响创新能力的实证研究相悖(Buesa et al.,2010;Lau and Lo, 2015)。一个可能的原因是存在一些"伪有效"区域如青海、宁夏和新疆。尽管这些区域创新资源匮乏,但是由于相对较低的创新投入,所以创新效率较高。另一个可能的原因是区域发展状况主要由绝对统计量构成,反映绝对值。事实上,区域发展状况反映区域创新系统的规模,而创新效率是相对值。

区域消费潜力在规模效率模型中不显著。但是在技术效率模型和纯技术效率模型中是显著正向的,这与常识相一致。这个结果表明良好的区域消费潜力有助于提升产业创新活动。一般来说,高水平的消费能力对创新产品具有刺激作用,并在产业创新活动中扮演重要角色。通过社交媒体,潜在的消费者能够接触到新产品的信息,提升消费意识。在这种情境下,对产品的偏好在创新活动中扮演关键角色(Rekers,2010)。

尽管创新主体间互动在不同模型中的显著性水平不同,但对于三类效率都是正向影响。这个结果表明更好的知识互动有助于更高的创新绩效。这与先前的研究结论相一致（Becker and Dietz，2004；Vuola and Hameri，2006；Tödtling et al.，2009；Zucker et al.，2002；Bodas Freitas et al.，2015）。较高水平的互动有助于促进知识交换和资源流动,对创新活动具有正向影响。例如,通过与其他外部主体建立联系,企业能获得更多的知识和资源,有利于促进企业的创新和内部成果的商业化。

三、结论

在中国实施创新驱动战略的进程中,一个显著的现象是各区域间高技术产业创新效率存在差异。本书主要分析了产业环境和中国高技术产业创新效率之间的关系。本书中的产业环境不同于先前研究中的影响因素,不是用单个变量来衡量,而主要用三个因子来表示。基于区域创新系统（RIS）和产业创新系统（SIS）框架,界定了产业环境的内涵并通过因子分析得到三个主要构成因子:区域发展状况、区域消费潜力和创新主体间的互动。应用 DEA-Tobit 模型,分析三个要素和产业创新效率之间的关系。

本书主要有两点贡献。第一,首次以一种探索性方式界定产业环境。具体来说,本书讨论了产业环境的理论基础,提出了产业环境的定义并探索了其主要构成要素。不仅打开产业环境的黑箱,而且将创新环境研究与创新系统研究相结合。考虑到产业间创新活动的多样性,我们也可以将其调整应用到其他产业的分析中。第二,丰富了创新系统的研究,这正好响应 Lundvall（2007）的号召:"如何更好地理解创新系统的实证研究是当前研究的一个重要任务。"将创新系统概念与高技术创新效率相结合,本书分析了转型经济体中产业发展环境和高技术创新效率之间的关系。尽管一个区域的经济构成能影响产业创新活动这一论述已被理论界广为接受（Chaminade et al.，2011）,但是实证研究很少探讨其潜在的运行机制。本章分析了产业环境对技术效率、纯技术效率和规模效率的影响,从一个不同的视角加深了对中国高技术产业的区域差异的理解。

当考虑到环境要素对三种不同效率的差异性影响时,研究结果对产业创新活动有几点启发。区域发展条件与创新活动的发展相关。经济基础、教育、信息和交通基础设施的差异影响区域水平下高技术产业创新效率的差异。当前,中国的基础设施建设仍处于较低水平。只有区域发展状况达到一定水平,才能更好地激发创新潜力。这提醒我们产业政策不应单纯地对特定产业提供偏好性政策,更应当注意其他基础方面,如教育、交通和信息基础设施建设、知识产权保护、金融系统改革等。交通和信息基础设施建设如中国高铁项目和"宽带中国"等能够更有效地支持产业活动。这个结论也证明了国家大力投资基础项目的合理性,尤其是针对欠发达地区的投资。另外,国家应推进高等教育体制改革以培养满足市场需求的人才。还有一个政策焦点是鼓励发展网络技术,如"互联网+"。互联网技术和相关产业的结合可以视为产业创新的新引擎。对于区域消费潜力,国家有必要刺激居民的消费水平。根据国家统计局颁布的统计报告,我国 2015 年的居民消费支出率为 52.4%,远远低于世界平均水平。"释放消费潜力"是产业创新的基本条件之一。为了创造更多的需求,我国的发展重心正由供给侧向需求侧转变。同时强调了信息通信技术对激发潜在需求的重要性。例如,由《环球时报》发布的名为"Four 'single' ones:Happy signal for online retailers"的报告表明了电子商务激发的较高的消费潜力。至于创新主体之间的互动,应加强各主体间的互动,如建立技术交易平台(如丹麦的"IP Marketplace"和德国的"Innovation Market"),建立众包平台(如 Odeskm,Elance,Freelancer),促进技术中介的发展,加强企业和大学之间的研究合作,完善中介机构的发展。总之,通过充分利用当地经济,高技术产业能获得更多的创新动能。考虑到转型经济体的相似性,上述政策建议对其他国家也有一定的指导意义。

四、本章小结

本章主要分析了产业环境和高技术产业创新效率之间的关系。基于区域创新系统和产业创新系统的研究,提出了中国高技术产业环境的定义。基于因子分析,得出产业环境的三个主要构成因子:区域发展条件、区域消费潜力、创新主体之间的互动。利用 DEA-Tobit 模型,分析了各构成因子对高技术产业创新效率的影响。最后针对研究结果,提出政策建议。

第五章　基于复合系统协同度的产业环境与高技术产业的演化分析

　　从创新系统的角度来看,高技术产业创新是一个复杂的动态系统。高技术产业与其产业环境之间不断地进行物质、能量及信息的交流与反馈。高技术产业创新与其所在的产业环境是一种动态的互动关系:一方面,产业环境能够影响和约束高技术产业创新活动的发展;另一方面,高技术产业通过与其所处环境中的要素互动,进而影响环境的变化,以创造有利于创新活动顺利开展的产业环境。基于此,产业环境与高技术产业创新活动在互动过程中相互依存、相互适应、共同演化。

　　复杂系统论认为任何复杂系统都是由若干个功能子系统组成的,但不是由各子系统简单相加,而是各功能子系统之间相互作用的结果。对于高技术产业创新与产业环境的演化研究,合理地对高技术产业创新系统的各子系统进行划分是研究的基础。

一、高技术产业创新系统的构成分析

　　如同前文所述,高技术产业创新绩效不仅受其内部创新过程的影响,还受到其所在的产业环境的影响。基于创新价值链理论,从高技术产业的创新过程看,高技术产业创新主要分为产业投入子系统、产业转化子系统和产业产出子系统。基于产业环境的概念和内涵,产业环境是高技术产业创新活动的一个重要因素。因此高技术产业创新活动是一项复杂的活动,包含着创新过程中各子系统的创新,特别是各子系统与产业环境之间的整合和协同作用。基于此,本章认为高技术产业创新系统是一个开放系统,主要包括产业投入子系统、产业转化子系统、产业产出子系统和产业环境系统。创新系统中各子系统相互联系、相互作用,产业投入子系统、产业转化子系统、产业产出子系统与产业环境系统之间通过资金流、人才流和信息流等创新资源的相互作用,构成共存共生、动态演化的系统。

目前研究多集中于产业环境与高技术产业创新的关系的研究,缺乏对它们之间的互动关系的研究。产业环境与高技术产业创新过程之间的共同演化水平的高低关系着高技术产业创新活动的持续发展。为此,本书基于高技术产业创新系统的框架,分析各区域高技术产业创新过程的各子系统与产业环境之间的动态演化性。高技术产业创新与产业环境的互动可以视为高技术产业创新过程各子系统与产业环境系统互动后的匹配状态。具体而言,包括产业投入子系统与产业环境系统、产业转化子系统与产业环境系统、产业产出子系统与产业环境系统之间的演化水平,如图 5-1 所示。

图 5-1　产业环境与高技术产业创新的共同演化

二、产业环境与高技术创新共同演化度评价模型构建

(1)设高技术产业创新系统与产业发展环境序变量为公式(5.1):

$$X_i = (X_{i1}, X_{i2}, \cdots, X_{ij}, \cdots, X_{in}) \tag{5.1}$$

其中,$n \geqslant 1$;$\infty_{ij} \leqslant X_{ij} \leqslant \beta_{ij}$;$j \in [1,n]$;$\infty_{ij}$、$\beta_{ij}$ 分别是第 i 个子系

统第 j 个序参量的下限值和上限值。

高技术产业创新过程各子系统序参量分量的有序度计算公式为

$$U_i(X_{ij}) = \begin{cases} \dfrac{X_{ij} - \beta_{ij}}{\alpha_{ij} - \beta_{ij}}, & j \in [1, l_1] \\[2mm] \dfrac{\alpha_{ij} - X_{ij}}{\alpha_{ij} - \beta_{ij}}, & j \in [l_1 + 1, m] \end{cases} \tag{5.2}$$

其中，$i = 1,2,3; j = 1,2,\cdots,19$。

产业环境系统序参量分量有序度计算公式为

$$U_0(X_{0j}) = \begin{cases} \dfrac{X_{0j} - \beta_{0j}}{\alpha_{0j} - \beta_{0j}}, & j \in [1, l_1] \\[2mm] \dfrac{\alpha_{0j} - X_{0j}}{\alpha_{0j} - \beta_{0j}}, & j \in [l_1 + 1, m] \end{cases} \tag{5.3}$$

（2）高技术产业创新过程各子系统有序度计算公式为

$$U_i(X_i) = \sqrt[n]{\prod_{j=1}^{n} U_i(X_{ij})} \tag{5.4}$$

产业环境系统有序度计算公式为

$$U_0(X_0) = \sqrt[n]{\prod_{j=1}^{n} U_0(X_{0j})} \tag{5.5}$$

（3）高技术产业创新过程各子系统与产业环境系统的共同演化系数为公式（5.6）：

$$C_i = \left| \frac{U_i(X_i)U_0(X_0)}{\left| \dfrac{U_i(X_i) + U_0(X_0)}{2} \right|^2} \right|^k \tag{5.6}$$

其中，$i = 1,2,3$。

（4）高技术产业创新过程各子系统与产业环境演化度为公式（5.8）；

产业环境与高技术产业创新过程综合演化水平为公式（5.7）。

$$D = \sqrt{C_i T_i} \tag{5.7}$$

$$T_i = \gamma U_i(X_i) + \eta U_0(X_0) \tag{5.8}$$

三、实证分析

(一)确定序参量

基于以上对产业环境与高技术产业创新的演化分析的把握,根据对产业环境系统、产业投入子系统、产业转化子系统和产业产出子系统的内涵的理解,考虑到数据的可获得性和可考核性,首先选取每个子系统的序参量,见表 5-1。

表 5-1　各子系统及其序参量

子系统	序参量
产业环境系统	GDP、人口数、人均 GDP、居民消费水平、城镇居民可支配收入、互联网宽带接入端口、互联网上网人数、旅客周转量、R&D 人员全时当量、R&D 经费内部支出、规模以上工业企业研发经费内部支出额中获得金融机构贷款额、R&D 经费外部支出、互联网普及率、电话普及率、政府 R&D 投入、"211 工程"高校数目、技术市场成交额、高等学校 R&D 经费内部支出、高等学校 R&D 人员数量
产业投入子系统	R&D 活动人员折合全时当量、R&D 经费内部支出、高技术企业数
产业转化子系统	专利申请量、新产品开发项目、新产品开发经费支出、技术改造经费支出
产业产出子系统	新产品销售收入、主营业务收入、利润总额、出口交货值

数据来源:《中国统计年鉴》《中国科技统计年鉴》《中国高技术产业统计年鉴》。

(二)数据分析

基于各子系统及其序参量的指标体系,根据前面构建的产业环境与

68

高技术产业创新共同演化度评价模型,在对原始数据进行整理,并进行无量纲化、标准化处理后得出各地各年份产业环境系统和高技术创新过程各子系统,即产业投入子系统、产业转化子系统和产业产出子系统的序变量值,见附录表3。

以高技术产业创新系统各子系统的序变量为基础,计算出 2010—2013 年 4 年内各省(区、市)产业环境系统与高技术产业创新过程各子系统的共同演化水平,见表5-2。表5-2 是产业环境系统与高技术产业投入子系统的共同演化度、产业环境系统与高技术产业转化子系统的共同演化度、产业环境系统与高技术产业产出子系统的共同演化度的计算结果。

表 5-2　各省(区、市)2010—2013 年产业环境系统与高技术
创新过程各子系统的共同演化水平

省(区、市)	2010 年			2011 年		
	产业投入	产业转化	产业产出	产业投入	产业转化	产业产出
北京	0.3119	0.2460	0.3859	0.3798	0.3717	0.3896
天津	0.2948	0.3460	0.3520	0.3087	0.3097	0.3641
河北	0.2312	0.1964	0.1796	0.2397	0.1890	0.1895
山西	0.1312	0.0989	0.1189	0.1427	0.1205	0.1348
内蒙古	0.1026	0.0909	0.1141	0.1140	0.0966	0.1247
辽宁	0.3026	0.2069	0.2542	0.3429	0.2856	0.2735
吉林	0.1582	0.1018	0.1369	0.2046	0.1682	0.1717
黑龙江	0.2095	0.2308	0.1145	0.2128	0.2360	0.1328
上海	0.4486	0.4440	0.5383	0.4210	0.4287	0.5094
江苏	0.7017	0.7018	0.7438	0.7185	0.7253	0.7621
浙江	0.5051	0.4716	0.4063	0.5231	0.5054	0.4352
安徽	0.2705	0.2589	0.1557	0.3015	0.2828	0.2084
福建	0.3590	0.3465	0.3845	0.3745	0.3470	0.3968
江西	0.2489	0.2097	0.2020	0.2625	0.2103	0.2258

续表

省（区、市）	2010 年			2011 年		
	产业投入	产业转化	产业产出	产业投入	产业转化	产业产出
山东	0.4565	0.4540	0.4768	0.5053	0.4621	0.4975
河南	0.2685	0.2503	0.2017	0.2892	0.2418	0.2673
湖北	0.3111	0.2747	0.2535	0.3595	0.3063	0.2557
湖南	0.2429	0.2195	0.1765	0.2903	0.2993	0.2384
广东	0.7777	0.7676	0.7777	0.8002	0.7615	0.7996
广西	0.1525	0.1379	0.1488	0.1952	0.1761	0.1814
海南	0.1172	0.1187	0.1108	0.1305	0.1406	0.1199
重庆	0.1963	0.2040	0.1466	0.2000	0.1880	0.2361
四川	0.3295	0.4119	0.2594	0.3497	0.3905	0.3617
贵州	0.1984	0.2160	0.1434	0.1881	0.2107	0.1488
云南	0.1380	0.1112	0.1195	0.1604	0.1439	0.1336
陕西	0.2992	0.3203	0.1693	0.3197	0.3033	0.1815
甘肃	0.1384	0.1445	0.1091	0.1364	0.1274	0.1180
青海	0.1057	0.1136	0.1020	0.1128	0.1046	0.1099
宁夏	0.1124	0.1190	0.1118	0.1161	0.1250	0.1181
新疆	0.0953	0.0906	0.0914	0.1092	0.1047	0.0997
均值	0.2739	0.2635	0.2495	0.2936	0.2788	0.2729
标准差	0.1675	0.1710	0.1839	0.1708	0.1684	0.1821
省（区、市）	2012 年			2013 年		
	产业投入	产业转化	产业产出	产业投入	产业转化	产业产出
北京	0.3732	0.3771	0.3602	0.3814	0.3460	0.3676
天津	0.3047	0.2924	0.3959	0.3044	0.2576	0.4114
河北	0.2381	0.1956	0.1923	0.2560	0.2074	0.1982
山西	0.1552	0.1394	0.1912	0.1540	0.1400	0.1613

省（区、市）	2012 年			2013 年		
	产业投入	产业转化	产业产出	产业投入	产业转化	产业产出
内蒙古	0.1100	0.0859	0.1109	0.1085	0.0904	0.1177
辽宁	0.3202	0.2615	0.2659	0.3166	0.2507	0.2526
吉林	0.2013	0.1752	0.1729	0.1918	0.2388	0.1838
黑龙江	0.2004	0.2199	0.1302	0.2127	0.2182	0.1322
上海	0.4178	0.4200	0.4726	0.4213	0.3715	0.4463
江苏	0.7231	0.7391	0.7734	0.7320	0.7393	0.7826
浙江	0.5310	0.5149	0.4285	0.5383	0.5264	0.4360
安徽	0.2944	0.3005	0.2423	0.3072	0.3043	0.2508
福建	0.3734	0.3431	0.3894	0.3792	0.3521	0.3797
江西	0.2579	0.2377	0.2401	0.2746	0.2462	0.2507
山东	0.5288	0.4914	0.5114	0.5386	0.5095	0.5084
河南	0.2885	0.2238	0.3084	0.3136	0.2448	0.3911
湖北	0.3740	0.3112	0.2736	0.3857	0.3111	0.2646
湖南	0.2864	0.2833	0.2640	0.3152	0.3251	0.3019
广东	0.8003	0.7610	0.7984	0.8087	0.8030	0.8074
广西	0.1807	0.1804	0.1919	0.1779	0.1603	0.2069
海南	0.1336	0.1601	0.1324	0.1405	0.1568	0.1251
重庆	0.2046	0.2081	0.2558	0.2231	0.2121	0.2699
四川	0.3347	0.4025	0.3849	0.3664	0.4026	0.4103
贵州	0.1999	0.2117	0.1501	0.2065	0.2039	0.1459
云南	0.1596	0.1359	0.1304	0.1525	0.1426	0.1353
陕西	0.3288	0.3113	0.1822	0.3288	0.3184	0.1766
甘肃	0.1390	0.1283	0.1214	0.1392	0.1271	0.1261

续表

省（区、市）	2012 年			2013 年		
	产业投入	产业转化	产业产出	产业投入	产业转化	产业产出
青海	0.1115	0.1052	0.1144	0.1136	0.1074	0.1182
宁夏	0.1158	0.1244	0.1128	0.1198	0.1385	0.1139
新疆	0.0937	0.0992	0.0942	0.0958	0.1011	0.0974
均值	0.2927	0.2813	0.2797	0.3001	0.2851	0.2857
标准差	0.1729	0.1704	0.1804	0.1753	0.1731	0.1828

为直观看出产业环境系统与产业投入子系统、产业环境系统与产业转化子系统、产业环境系统与产业产出子系统之间的演化度变化情况，可以绘制出 2010—2013 年全国 30 个省（区、市）各子系统演化度变化趋势图，见图 5-2。

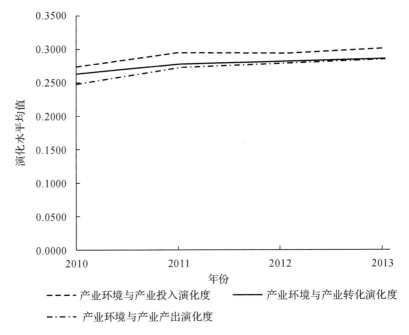

图 5-2 2010—2013 年产业环境系统与高技术创新过程各子系统演化度变化趋势

　　由图 5-2 可以看出,2010—2013 年,高技术产业创新过程各子系统中,产业投入子系统与产业环境系统协同演化度最高,产业转化子系统与产业环境系统系统演化度次之,产业产出子系统与产业环境系统协同演化度最低。各演化度呈增长趋势,说明高技术产业创新与其所处环境的共同演化水平不断提升。

　　为了分析各省(区、市)的产业环境与高技术产业的演化情况,计算各省(区、市)在 2010—2013 年的各子系统间演化度均值,并进而计算其综合演化水平。根据计算所得的各省(区、市)四年共同演化度均值,对各个省(区、市)共同演化度大小进行排序。结果见表 5-3。

表 5-3　各省(区、市)产业环境系统与高技术创新过程
各子系统的共同演化水平均值及排名

省 (区、市)	产业投入 演化水平		产业转化 演化水平		产业产出 演化水平		综合演化水平	
	均值	排名	均值	排名	均值	排名	均值	排名
北京	0.3616	7	0.3352	8	0.3758	8	0.3575	8
天津	0.3031	12	0.3014	10	0.3808	7	0.3285	9
河北	0.2413	17	0.1971	20	0.1899	17	0.2094	18
山西	0.1458	24	0.1247	27	0.1515	21	0.1407	23
内蒙古	0.1087	29	0.0910	30	0.1169	27	0.1055	29
辽宁	0.3206	10	0.2512	14	0.2615	12	0.2778	11
吉林	0.1890	21	0.1710	21	0.1663	20	0.1754	21
黑龙江	0.2089	18	0.2262	16	0.1274	24	0.1875	19
上海	0.4272	5	0.4160	5	0.4917	4	0.4450	5
江苏	0.7188	2	0.7264	2	0.7655	2	0.7369	2
浙江	0.5244	3	0.5046	3	0.4265	5	0.4851	4
安徽	0.2934	13	0.2866	12	0.2143	16	0.2648	15
福建	0.3715	6	0.3472	7	0.3876	6	0.3688	6

续表

省 (区、市)	产业投入 演化水平		产业转化 演化水平		产业产出 演化水平		综合演化水平	
	均值	排名	均值	排名	均值	排名	均值	排名
江西	0.2610	16	0.2260	17	0.2297	14	0.2389	16
山东	0.5073	4	0.4792	4	0.4985	3	0.4950	3
河南	0.2900	14	0.2402	15	0.2921	10	0.2741	12
湖北	0.3576	8	0.3008	11	0.2618	11	0.3068	10
湖南	0.2837	15	0.2818	13	0.2452	13	0.2702	13
广东	0.7967	1	0.7733	1	0.7958	1	0.7886	1
广西	0.1766	22	0.1637	22	0.1823	18	0.1742	22
海南	0.1304	26	0.1440	23	0.1221	25	0.1322	25
重庆	0.2060	19	0.2031	19	0.2271	15	0.2121	17
四川	0.3451	9	0.4019	6	0.3541	9	0.3670	7
贵州	0.1982	20	0.2106	18	0.1471	22	0.1853	20
云南	0.1526	23	0.1334	24	0.1297	23	0.1386	24
陕西	0.3191	11	0.3133	9	0.1774	19	0.2700	14
甘肃	0.1382	25	0.1318	25	0.1187	26	0.1296	26
青海	0.1109	28	0.1077	28	0.1111	29	0.1099	28
宁夏	0.1160	27	0.1267	26	0.1142	28	0.1190	27
新疆	0.0985	30	0.0989	29	0.0957	30	0.0977	30

注:产业投入演化水平指产业环境系统与产业投入子系统演化水平;产业转化演化水平指产业环境系统与产业转化子系统演化水平;产业产出演化水平指产业环境系统与产业产出子系统演化水平;综合演化水平指产业环境与高技术产业创新过程各子系统的综合演化水平。

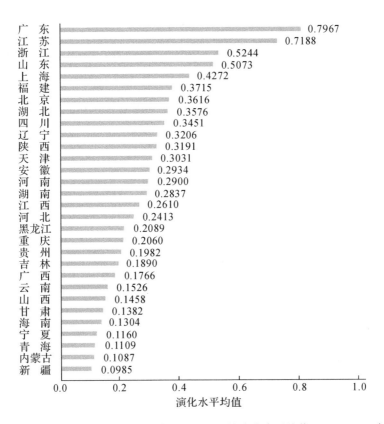

图 5-3　各省(区、市)产业环境与产业投入子系统演化水平均值(2010—2013 年)

就产业投入演化水平而言,30 个省(区、市)的产业环境与产业投入子系统演化水平呈现个别突出、整体不足的状态(见图 5-3)。广东省和江苏省处于第一梯度,说明其高技术产业创新投入与产业环境呈现良性互动。产生这种状态的原因有以下两个方面:一方面,广东和江苏两省是经济强省,具有雄厚的经济基础和创新活力,高技术产业的创新投入资源充裕;另一方面,高技术产业创新投入的需求也推动了当地产业环境的发展,有效促进了高技术产业与区域内各主体之间的互动。浙江、山东、上海、福建、北京处于第二梯度,相对于广东和江苏,这五个省(市)产业环境与创新投入子系统演化水平略低,但考虑到这些地区的经济及发展水平,对高技术产业创新投入了一定的资源。可以看出中部地区省份主要位于第三梯度,中部地区的基础设施、产业结构及创新资源相对薄弱,因此在一定程度上制约了高技术产业的投入水平。宁夏、青海、内蒙古和新疆的演化度处于0.1左右,远远落后于其他省(区、市)。

如图5-4所示,同产业投入演化水平一致,就产业转化演化水平而言,广东和江苏具有绝对领先优势,高于0.7。浙江、山东、上海、四川在0.4左右,北京仅为0.33,可能是由于作为全国政治中心的北京的发展重心不仅仅在高技术产业的转化,还偏重于产业结构的战略性调整及战略性新兴产业的发展。而青海、新疆、内蒙古依然排在最后三位。

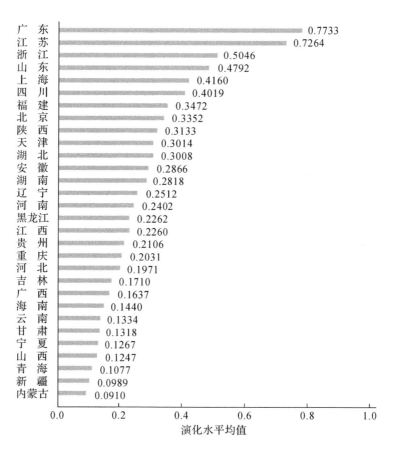

图5-4　各省(区、市)产业环境与产业转化子系统演化水平均值(2010—2013年)

如图 5-5 所示,在产业产出演化上,依然呈现出个别突出,整体落后的现象。广东和江苏有明显游离于其他省(区、市)之外的突出表现,产业环境与产业产出子系统的演化水平较高,高于 0.75。其他省(区、市)产业产出演化水平处于 0.5 以下,呈现规律性逐级递减状态。产业产出演化水平最低的地区主要在西部地区,包括宁夏、青海、新疆。

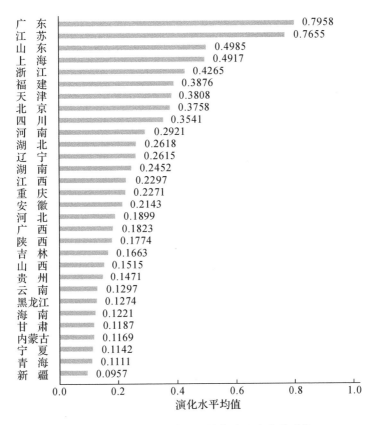

图 5-5 各省(区、市)产业环境与产业产出子系统

演化水平均值(2010—2013 年)

产业投入演化、产业转化演化、产业产出演化分析了产业环境与创新过程的各子系统的共同演化水平。综合得出产业环境与高技术产业创新过程的综合演化水平,如图 5-6 所示。

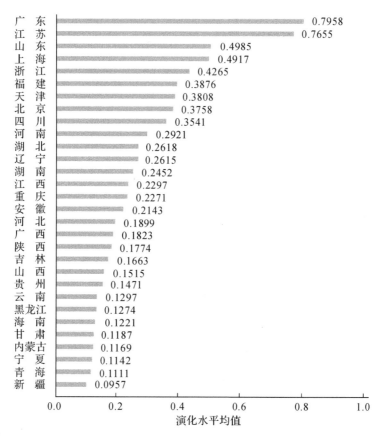

图 5-6　各省(区、市)产业环境与高技术产业创新过程

综合演化水平(2010—2013 年)

四、结论

基于创新系统理论,利用复合系统协同度模型,构建产业环境与高技术产业创新过程的共同演化度评价模型。通过测算我国 30 个省(区、市)

的产业环境系统与产业投入子系统、产业转化子系统、产业产出子系统的共同演化水平,可以看出我国产业环境与高技术产业创新的演化具有以下特点:(1)整体而言,我国高技术产业创新过程各子系统与产业环境系统的演化水平呈良性发展状态;(2)各省(区、市)演化水平差距明显,广东、江苏两省产业环境与高技术产业创新互动较好,中部地区有待提升,西部地区演化水平低下。因此,在开展高技术产业创新活动时,应因地制宜地制定高技术创新发展的政策措施,积极引导创新发展方向,缩小各省份间高技术产业创新的差距。同时要明确各省份产业的发展方向,创新产业发展方式,实现高技术产业与产业环境的良性互动。

总之,高技术产业创新是一个系统工程,在优越的产业环境下,由各个创新子系统互动演化实现。因此各个省份应综合分析本地情况,找出影响高技术产业创新活动开展的制约因素,推动高技术产业创新过程与产业环境的协调发展,实现高技术产业创新活动的可持续发展。

五、本章小结

基于前述第三章和第四章对高技术产业创新活动的内外两方面影响的研究,本章从产业环境和创新过程两方面分析了高技术产业创新系统的构成,将其划分为产业投入子系统、产业转化子系统、产业产出子系统和产业环境系统。基于复合系统协同度,构建产业环境与高技术产业创新的共同演化模型。实证分析结果表明,各省份间的产业环境与高技术产业创新协同发展程度存在差异。

第六章　研究结论与展望

　　以"高技术产业创新"为主题的研究,国内外学者做了广泛而深入的探讨。但是现有研究主要集中于高技术产业创新效率评价及某一要素对创新的影响,而从创新系统的角度考虑高技术产业的产业环境及其创新之间关系的研究有待深入挖掘。为了探讨转型经济体下中国高技术产业创新活动的影响要素,找出其发展不均衡的原因,本书基于中国各省(区、市)高技术产业发展数据,从高技术产业所处的外部环境和其内部创新过程两个方面分析高技术产业创新效率,然后基于创新系统理论,从共同演化的视角,探讨产业环境与高技术产业创新的动态演化。

　　首先,考虑到高技术产业创新活动的系统性,结合区域创新系统和产业创新系统,界定产业环境的内涵,利用因子分析法,探讨产业环境的构成要素。利用DEA-Tobit模型,本书进一步分析了产业环境各构成因子与高技术产业的技术效率、纯技术效率、规模效率之间的关系。

　　其次,由于高技术产业创新过程的阶段性,有必要探讨高技术产业创新过程中不同阶段的创新活动。基于创新价值链理论,结合高技术产业研究文献,本书将高技术产业创新过程划分为R&D阶段和产业化阶段,同时考虑"共享投入"和"额外中间投入",构建高技术产业创新过程的概念框架。运用两阶段DEA网络模型评价高技术产业的创新效率,包括综合效率、R&D效率和产业化效率。

　　最后,高技术产业创新是一个复杂的创新系统,其内部各要素不断进行互动。高技术产业的创新活动与其产业环境互相影响、共同演化,两者之间的协同度是衡量高技术产业是否能顺利开展创新活动的关键。因此,基于创新系统视角,从产业环境和高技术创新过程出发,将高技术产业创新系统划分为产业环境系统、产业投入子系统、产业转化子系统、产业产出子系统。基于复合系统协同度,构建产业环境和高技术产业创新的共同演化度评价模型。

一、研究结论

通过概念解析、模型构建及数据分析,本书主要得出以下几点结论。

第一,就高技术产业创新发展的产业环境而言。基于区域创新系统和产业创新系统框架,通过因子分析得到产业环境的三个主因子:区域发展状况、区域消费潜力和创新主体之间的互动。产业环境的三个因子对高技术产业的技术效率、纯技术效率、规模效率具有不同的影响。区域发展状况对纯技术效率具有正向影响,对规模效率具有负向影响,对技术效率影响不显著;区域消费潜力对技术效率、纯技术效率具有正向影响,对规模效率影响不显著;创新主体间的互动对三种效率都具有正向影响,表明资源、知识等的流动有助于创新绩效的提升。当前中国的基础设施建设还不足,为更好地激发创新潜力,产业政策应注重交通和信息基础设施的建设,而非一味地提供偏好性政策。此外,应刺激消费需求,激发消费潜力,拉动创新;搭建有利于创新交流的平台,促进技术中介发展,加强大学、科研院所、企业等创新主体之间的互动。

第二,就高技术产业创新发展的内部过程而言。基于创新价值链理论,构建包括 R&D 阶段和产业化阶段的概念框架来评价高技术创新活动。通过两阶段网络 DEA 模型,得出产业化阶段创新效率相对较低;高技术产业的低效率可能由于较低的产业化效率,即其 R&D 成果并未有效地转化为经济价值。另外,高技术产业创新具有区域特点,各区域间创新活动发展不均衡。整体而言,东部地区的高技术产业创新表现优于其他地区;各省(区、市)间 R&D 活动和产业化活动发展不一,大部分省(区、市)的 R&D 效率高于产业化效率,但江苏、山东和河南的产业化效率高于 R&D 效率。结果表明,在指导高技术产业创新活动时,不可一概而论,应因地制宜,结合当地发展状况开展创新。创新活动的阶段性差异表明,在创新过程中有必要找出创新能力不足的原因,有针对性地加以改善。同时,高技术产业不是一个简单的投入产出活动,应注重 R&D 活动和产业化活动的协调发展。最后,本书的模型考虑了共享投入在每个子阶段的分配问题,有利于资源的合理配置,最大化资源的使用效率。

第三,就产业环境与高技术产业创新的共同演化而言,应首先分析高技术产业创新系统的构成,基于前述对高技术产业创新活动的内外两方面影响的研究,从产业环境和创新过程两方面将高技术产业创新系统划分为产业投入子系统、产业转化子系统、产业产出子系统和产业环境系统。然后基于复合系统协同度,构建产业环境与高技术产业创新的共同演化模型。结果表明,各省份间的产业环境与高技术产业创新协同发展程度不同,西部地区的共同演化水平最低。在 2010—2013 年间,产业环境系统和创新过程各子系统演化水平呈良性发展,但其协调水平依然有待提升。

二、研究展望

本书对创新系统视角下产业环境与高技术产业创新的交互影响进行了系统性研究,具有一定的理论意义和实践意义,但是仍然存在诸多局限,这为将来的研究指明了方向。

第一,在分析高技术产业的产业环境时,本书虽然从区域创新系统和产业创新系统两方面统筹分析,但是有一些变量难以测量,如制度、文化等。若条件允许,未来可以进一步丰富产业环境的内涵及实证研究。

第二,在构建高技术产业创新过程概念框架时,为便于分析,本书从创新价值链的角度将其简化为 R&D 阶段和产业化阶段。而现实中高技术产业创新活动十分复杂,该概念模型可以进一步优化,如增加高技术产业的一些创新特性会使研究更加有趣。因此,未来研究可以考虑其他要素,如快速的生命周期,从产业化阶段到 R&D 阶段的反馈循环。

第三,由于数据的不可得性,本书主要从区域层面分析高技术产业创新活动的差异及其内外部影响因素。考虑到一个国家的高技术产业通常存在区域差异性和产业多样性,不同高技术产业的子行业的技术机会和政府政策不尽相同(Li et al.,2014;Castellacci and Lie,2015),未来研究可以进一步考虑区域的产业差异性。此外,创新活动分为探索性创新活动和利用性创新活动,未来研究可以考虑高技术产业的这两种创新活动的差异性。

第四,本书虽然考虑了高技术产业创新活动中共享资源的比例分配问题、各区域高技术产业的规模报酬状况,但是对于如何根据区域高技术产业发展的阶段差异及规模报酬差异合理分配资源,有待进一步探讨。

第五,在研究产业环境与高技术产业创新的共同演化时,本书只考虑了 2010—2013 年的演化度,未来可以扩大研究的时间段,有助于更好地把握中国高技术产业发展的动态变化。

总之,高技术产业创新是一项复杂的活动,本书主要从产业环境和内部创新过程两方面剖析其创新不足的原因。但是,在实际情况中,由于中国的差异化战略及区域经济和产业结构的差异,对于如何制定具体的解决方案来提升创新绩效,还需要深入研究。

参考文献

[1] 曹贤忠,曾刚.基于熵权 TOPSIS 法的经济技术开发区产业转型升级模式选择研究:以芜湖市为例[J].经济地理,2014(4):13-18.

[2] 陈劲.国家绿色技术创新系统的构建与分析[J].科学学研究,1999(3):37-41.

[3] 黄鲁成.区域技术创新系统研究:生态学的思考[J].科学学研究,2003(2):215-219.

[4] 李大元,项保华.组织与环境共同演化理论研究述评[J].外国经济与管理,2007(11):9 17.

[5] 李嘉明,甘慧.基于协同学理论的产学研联盟演化机制研究[J].科研管理,2009(S1):166-172.

[6] 李垣,乔伟杰.基于价值管理中的企业创新系统构建[J].中国软科学,2002(12):62-65.

[7] 刘双明.我国 FDI 与经济发展的协调度研究[J].统计研究,2007(4):92-96.

[8] 刘志迎,毕盛,谭敏.基于 SD 中国技术转移系统演化的动态模型研究[J].科学学研究,2014(12):1811-1819.

[9] 马云俊.创新价值链视角下我国大中型制造企业创新效率评价[D].沈阳:辽宁大学,2013.

[10] 彭勃,雷家骕.基于产业创新系统理论的我国大飞机产业发展分析[J].中国软科学,2011(8):41-47.

[11] 史修松,赵曙东,吴福象.中国区域创新效率及其空间差异研究[J].
数量经济技术经济研究,2009(3):45-55.

[12] 汪良兵,洪进,赵定涛,等.中国高技术产业创新系统协同度[J].系
统工程,2014(3):1-7.

[13] 王明明,党志刚,钱坤.产业创新系统模型的构建研究:以中国石化
产业创新系统模型为例[J].科学学研究,2009(2):295-301.

[14] 魏江.创新系统演进和集群创新系统构建[J].自然辩证法通讯,
2004(1):48-54.

[15] 魏江,陶颜,胡胜蓉.创新系统多层次架构研究[J].自然辩证法通
讯,2007(4):37-43.

[16] 吴晓波,范志刚,刘康.区域创新系统对 FDI 进入及溢出影响研究
[J].科研管理,2009(2):1-8.

[17] 谢青,田志龙.创新政策如何推动我国新能源汽车产业的发展:基于
政策工具与创新价值链的政策文本分析[J].科学学与科学技术管
理,2015(6):3-14.

[18] 于晓宇,谢富纪.区域创新系统的评价与演进规律:以上海市创新系
统为例[J].系统管理学报,2007(6):658-663.

[19] 余泳泽,刘大勇.我国区域创新效率的空间外溢效应与价值链外溢
效应:创新价值链视角下的多维空间面板模型研究[J].管理世界,
2013(7):6-20.

[20] 张玉明,李凯.中国创新产出的空间分布及空间相关性研究:基于
1996—2005 年省际专利统计数据的空间计量分析[J].中国软科学,
2007(11):97-103.

[21] 张战仁,李一莉.全球创新价值链模式的国际研发投资转移研究
[J].科学学研究,2015(10):1487-1495.

[22] 张治河,丁华,孙丽杰,等.创新型城市与产业创新系统[J].科学学
与科学技术管理,2006(12):150-155.

[23] 张治河,谢忠泉.我国钢铁产业创新与发展的问题及管理措施[J].
中国软科学,2006(2):31-37.

[24] 赵镇,唐震.CAS 视角下的 RP 型产学研协同创新系统规律性案例

研究[J]. 经济体制改革,2016(2):178-185.

[25] Aigner D,Lovell C K,Schmidt P. Formulation and estimation of stochastic frontier production function models[J]. Journal of Econometrics,1977(1):21-37.

[26] Alegre J,Chiva R. Assessing the impact of organizational learning capability on product innovation performance:An empirical test [J]. Techinovation,2008(6):315-326.

[27] Alvarez-Garrido E,Dushnitsky G. Are entrepreneurial venture's innovation rates sensitive to investor complementary assets? Comparing biotech ventures backed by corporate and independent VCs[J]. Strategic Management Journal,2016(5):819-834.

[28] Amirteimoori A. A DEA two-stage decision processes with shared resources[J]. Central European Journal of Operations Research, 2013(1):141-151.

[29] Andersen P D,Andersen A D,Jensen PA,et al. Sectoral innovation system foresight in practice:Nordic facilities management foresight [J]. Futures,2014(61):33-44.

[30] Archibugi D,Howells J,Michie J. Innovation systems in a global economy[J]. Technology Analysis & Strategic Management,1999 (4):527-539.

[31] Asheim B T,Gertler M S. The geography of innovation:Regional innovation systems[M]. Oxford:The Oxford handbook of innovation, 2005.

[32] Bai X J,Yan W K,Chiu Y H. Performance evaluation of China's Hi-tech zones in the post financial crisis era—Analysis based on the dynamic network SBM model[J]. China Economic Review, 2015(34):122-134.

[33] Banker R D,Charnes A,Cooper W W. Some models for estimating technical and scale inefficiencies in data envelopment analysis[J]. Management Science,1984(9):1078-1092.

[34] Battese G E,Corra G S. Estimation of a production frontier model: With application to the Pastoral Zone of Eastern Australia[J]. Australian Journal of Agricultural Economics,1977(3):169-179.

[35] Becker W,Dietz J. R&D cooperation and innovation activities of firms—Evidence for the German manufacturing industry [J]. Research Policy,2004(2):209-223.

[36] Bernstein B,Singh P J. An integrated innovation process model based on practices of Australian biotechnology firms[J]. Techinovation, 2006(5-6):561-572.

[37] Bodas Freitas I M,Castellacci F,Fontana R,et al. The additionality effects of R&D tax credits across sectors: A cross-country microeconometric analysis[M]. Oslo:Centre for Technology,Innovation and Culture, University of Oslo,2015.

[38] Breschi S,Malerba F. Sectoral innovation systems: Technological regimes,Schumpeterian dynamics,and spatial boundaries[J]. Systems of innovation:Technologies,institutions and organizations,1997(7): 130-156.

[39] Bronzini R,Piselli P. The impact of R&D subsidies on firm innovation [J]. Research Policy,2016(2):442-457.

[40] Brown R,Mason C. Inside the high-tech black box: A critique of technology entrepreneurship policy[J]. Techinovation,2014(12): 773-784.

[41] Buesa M,Heijs J,Baumert T. The determinants of regional innovation in Europe:A combined factorial and regression knowledge production function approach[J]. Research Policy,2010(6):722-735.

[42] Buesa M,Heijs J,Pellitero M M,et al. Regional systems of innovation and the knowledge production function: The Spanish case[J]. Techinovation,2006(4):463-472.

[43] Cappelen A,Raknerud A,Rybalka M. The effects of R&D tax credits on patenting and innovations[J]. Research Policy,2012(2):

334-345.

[44] Cassiman B, Valentini G. Open innovation: Are inbound and outbound knowledge flows really complementary[J]. Strategic Management Journal, 2016(6): 1034-1046.

[45] Castellacci F, Lie C M. Do the effects of R&D tax credits vary across industries? A meta-regression analysis[J]. Research Policy, 2015(4): 819-832.

[46] Çelen A. Efficiency and productivity (TFP) of the Turkish electricity distribution companies: An application of two-stage (DEA&Tobit) analysis[J]. Energy Policy, 2013(63): 300-310.

[47] Chaminade C, Lundvall B A, Vang J, et al. Designing innovation policies for development: Towards a systemic experimentation-based approach[M]. Handbook of Innovation Systems and Developing Countries: Building Domestic Capabilities in a Global Setting, 2009: 360-379.

[48] Charnes A, Cooper W W, Li S. Using data envelopment analysis to evaluate efficiency in the economic performance of Chinese cities [J]. Socio-Economic Planning Sciences, 1989(6): 325-344.

[49] Charnes A, Cooper W W, Rhodes E. Measuring the efficiency of decision making units[J]. European Journal of Operational Research, 1978 (6): 429-444.

[50] Chaturvedi S. Exploring interlinkages between national and sectoral innovation systems for rapid technological catch-up: Case of Indian biopharmaceutical industry[J]. Technology Analysis & Strategic Management, 2007(5): 643-657.

[51] Chen C, Zhu J, Yu J Y, et al. A new methodology for evaluating sustainable product design performance with two-stage network data envelopment analysis[J]. European Journal of Operational Research, 2012(2): 348-359.

[52] Chen C C. Measuring departmental and overall regional performance:

Applying the multi-activity DEA model to Taiwan's cities/counties [J]. Omega,2017,67:60-80.

[53] Chen Y,Cook W D,Li N,et al. Additive efficiency decomposition in two-stage DEA[J]. European Journal of Operational Research, 2009(3):1170-1176.

[54] Chen Y,Du J,Sherman H D,et al. DEA model with shared resources and efficiency decomposition [J]. European Journal of Operational Research,2010(1):339-349.

[55] Chiu Y H,Huang C W,Chen Y C. The R&D value-chain efficiency measurement for high-tech industries in China[J]. Asia Pacific Journal of Management,2012(4):989-1006.

[56] Chung S. Building a national innovation system through regional innovation systems[J]. Technovation,2002(8):485-491.

[57] Cohen W M,Nelson R R,Walsh J P. Links and impacts: The influence of public research on industrial R&D[J]. Management Science,2002(1):1-23.

[58] Cook W D,Hababou M. Sales performance measurement in bank branches[J]. Omega,2001(4):299-307.

[59] Cook W D,Zhu J,Bi G,et al. Network DEA: Additive efficiency decomposition[J]. European Journal of Operational Research,2010 (2):1122-1129.

[60] Cooke P. Regional innovation systems: Competitive regulation in the new Europe[J]. Geoforum,1992(3):365-382.

[61] Cooke P. Regional innovation systems,clusters,and the knowledge economy[J]. Industrial and corporate change,2001(4):945-974.

[62] Cooke P. Biotechnology clusters as regional,sectoral innovation systems[J]. International Regional Science Review,2002(1):8-37.

[63] Cooke P,Uranga M G,Etxebarria G. Regional systems of innovation: An evolutionary perspective [J]. Environment and Planning A: Economy and Space,1998(9):1563-1584.

[64] Cruz-Cázares C, Bayona-Sáez C, García-Marco T. You can't manage right what you can't measure well: Technological innovation efficiency [J]. Research Policy, 2013(6-7): 1239-1250.

[65] Czarnitzki D, Hottenrott H, Thorwarth S. Industrial research versus development investment: The implications of financial constraints [J]. Cambridge Journal of Economics, 2011(3): 527-544.

[66] Dibiaggio L, Nasiriyar M, Nesta L. Substitutability and complementarity of technological knowledge and the inventive performance of semiconductor companies[J]. Research Policy, 2014(9): 1582-1593.

[67] Dolfsma W, Seo D. Government policy and technological innovation: A suggested typology[J]. Techinovation, 2013(6-7): 173-179.

[68] Doloreux D. What we should know about regional systems of innovation[J]. Technology In Society, 2002(3): 243-263.

[69] Doloreux D, Shearmur R. Collaboration, information and the geography of innovation in knowledge intensive business services[J]. Journal of Economic Geography, 2011(1): 79-105.

[70] Edquist C. The Systems of Innovation Approach and Innovation Policy: An account of the state of the art [C]. Aalborg: Druid Conference, 2001.

[71] Eom B Y, Lee K. Determinants of industry-academy linkages and, their impact on firm performance: The case of Korea as a latecomer in knowledge industrialization [J]. Research Policy, 2010 (5): 625-639.

[72] Faber A, Hoppe T. Co-constructing a sustainable built environment in the Netherlands—Dynamics and opportunities in an environmental sectoral innovation system[J]. Energy Policy, 2013, 52: 628-638.

[73] Feldman M P. Knowledge complementarity and innovation[J]. Small Business Economics, 1994(5): 363-372.

[74] Feldman M P, Florida R. The geographic sources of innovation: Technological infrastructure and product innovation in the United

States[J]. Annals of the Association of American Geographers, 1994(2):210-229.

[75] Fritsch M. Measuring the quality of regional innovation systems:A knowledge production approach[J]. International Regional Science Review,2002(1):86-101.

[76] Fritsch M,Slavtchev V. Determinants of the efficiency of regional innovation systems[J]. Regional Studies,2011(7):905-918.

[77] Frykfors C O,Jönsson H. Reframing the multilevel triple helix in a regional innovation system:A case of systemic foresight and regimes in renewal of Skåne's food industry[J]. Technology Analysis & Strategic Management,2010(7):819-829.

[78] Fu F C,Vijverberg C P C,Chen Y S. Productivity and efficiency of state-owned enterprises in China [J]. Journal of Productivity Analysis,2008(3):249-259.

[79] Fu X. Foreign direct investment, absorptive capacity and regional innovation capabilities:Evidence from China[J]. Oxford Development Studies,2008(1):89-110.

[80] Furman J L, Porter M E, Stern S. The determinants of national innovative capacity[J]. Research Policy,2002(6):899-933.

[81] Galanakis K. Innovation process. Make sense using systems thinking [J]. Technovation,2006(11):1222-1232.

[82] García-Piqueres G, Serrano-Bedia A M, López-Fernández M C. Sector innovation capacity determinants:Modelling and empirical evidence from Spain[J]. R&D Management,2016(1):80-95.

[83] Gertler M S, Wolfe D A, Garkut D. No place like home? The embeddedness of innovation in a regional economy[J]. Review of International Political Economy,2000(4):688-718.

[84] Grigoriou K, Rothaermel F T. Organizing for knowledge generation: Internal knowledge networks and the contingent effect of external knowledge sourcing[J]. Strategic Management Journal,2017(2):

395-414.

[85] Griliches Z. Issues in assessing the contribution of research and development to productivity growth [J]. The Bell Journal of Economics,1979(1):92-116.

[86] Gu S,Schwaag Serger S,Lundvall B A. China's innovation system: Ten years on[J]. Innovation,2016(4):1-8.

[87] Guan J,Chen K. Measuring the innovation production process: A cross-region empirical study of China's high-tech innovations[J]. Techinovation,2010,30(5-6):348-358.

[88] Hage J,Hollingsworth J R. A strategy for the analysis of idea innovation networks and institutions [J]. Organization Studies, 2000(5):971-1004.

[89] Halkos G E,Tzeremes N G,Kourtzidis S A. A unified classification of two-stage DEA models[J]. Surveys in Operations Research and Management Science,2014(1):1-16.

[90] Hall L A,Bagchi-Sen S. A study of R&D,innovation,and business performance in the Canadian biotechnology industry[J]. Technovation, 2002(4):231-244.

[91] Hansen M T, Birkinshaw, J. The innovation value chain [J]. Harvard Business Review,2007,85:121.

[92] Hong J,Feng B,Wu Y,et al. Do government grants promote innovation efficiency in China's high-tech industries? [J]. Technovation,2016, 57:4-13.

[93] Hong J,Hong S,Wang L,et al. Government grants,private R&D funding and innovation efficiency in transition economy[J]. Technology Analysis & Strategic Management,2015(9):1068-1096.

[94] Hu A G. Ownership,government R&D,private R&D,and productivity in Chinese industry[J]. Journal of Comparative Economics,2001(1): 136-157.

[95] Hu M C, Hung S C. Taiwan's pharmaceuticals: A failure of the

sectoral system of innovation? [J]. Technological Forecasting and Social Change,2014,88:162-176.

[96] Hu M C,Mathews J A. China's national innovative capacity[J]. Research Policy,2008(9):1465-1479.

[97] Hu Y,McNamara P,McLoughlin D. Outbound open innovation in bio-pharmaceutical out-licensing [J]. Technovation, 2015, 35: 46-58.

[98] Hung S W,Wang A P. Entrepreneurs with glamour? DEA performance characterization of high-tech and older-established industries[J]. Economic Modelling,2012(4):1146-1153.

[99] Intarakumnerd P,Chairatana P A,Kamondetdacha R. Innovation system of the seafood industry in Thailand[J]. Asian Journal of Technology Innovation,2015(2):271-287.

[100] Kang K N,Park H. Influence of government R&D support and inter-firm collaborations on innovation in Korean biotechnology SMEs[J]. Technovation,2012(1):68-78.

[101] Kao C. Efficiency decomposition in network data envelopment analysis:A relational model[J]. European Journal of Operational Research,2009(3):949-962.

[102] Kao C,Hwang S N. Efficiency decomposition in two-stage data envelopment analysis:An application to non-life insurance companies in Taiwan[J]. European Journal of Operational Research,2008(1): 418-429.

[103] Kubeczko K,Rametsteiner E,Weiss G. The role of sectoral and regional innovation systems in supporting innovations in forestry [J]. Forest Policy and Economics,2006(7):704-715.

[104] Lau A K,Lo W. Regional innovation system,absorptive capacity and innovation performance:An empirical study[J]. Technological Forecasting and Social Change,2015(92):99-114.

[105] Lee C Y,Wu H L,Pao H W. How does R&D intensity influence

firm explorativeness? Evidence of R&D active firms in four advanced countries[J]. Technovation,2014(10):582-593.

[106] Lev B. Intangibles: Management, measurement, and reporting [M]. New York:Brooklings Institution Press,2000.

[107] Li J, Sutherland D, Ning L, et al. Firm ownership, industrial structure, and regional innovation performance in China's provinces [J]. Technology Analysis&Strategic Management, 2014 (9): 1001-1022.

[108] Li R,Shiu A. Internet diffusion in China:A dynamic panel data analysis[J]. Telecommunications Policy,2012(10-11):872-887.

[109] Li X. China's regional innovation capacity in transition:An empirical approach[J]. Research Policy,2009(2):338-357.

[110] Li X. Specialization, institutions and innovation within China's regional innovation systems[J]. Technological Forecasting and Social Change,2015(100):130-139.

[111] Liang L,Cook W D,Zhu J. DEA models for two-stage processes: Game approach and efficiency decomposition[J]. Naval Research Logistics,2008(7):643-653.

[112] Liang L,Yang F,Cook W D,et al. DEA models for supply chain efficiency evaluation[J]. Annals of Operations Research,2006(1): 35-49.

[113] Lin B W,Lee Y,Hung S C. R&D intensity and commercialization orientation effects on financial performance [J]. Journal of Business Research,2006(6):679-685.

[114] Lin C, Lin P, Song F. Property rights protection and corporate R&D:Evidence from China[J]. Journal of Development Economics, 2010(1):49-62.

[115] Lin D, Liang Q, Xu Z, Li R, et al. Does knowledge management matter for information technology applications in China? [J]. Asia Pacific Journal of Management,2008(3):489-507.

[116] Lundvall B A. National systems of innovation [M]. London: Pinter Publishers, 1992.

[117] Lundvall B A, Johnson B, Andersen ES, et al. National systems of production, innovation and competence building [J]. Research Policy, 2002(2):213-231.

[118] Lundvall B A. National innovation systems—Analytical concept and development tool [J]. Industry and Innovation, 2007(1): 95-119.

[119] Madhok A, Liu C. A coevolutionary theory of the multinational firm[J]. Journal of International Management, 2006(1):1-21.

[120] Maietta O W. Determinants of university-firm R&D collaboration and its impact on innovation: A perspective from a low-tech industry [J]. Research Policy, 2015(7):1341-1359.

[121] Malerba F. Sectoral systems of innovation and production[J]. Research Policy, 2002(2):247-264.

[122] Malerba F. Sectoral systems of innovation: A framework for linking innovation to the knowledge base, structure and dynamics of sectors [J]. Economics of Innovation and New Technology, 2005(1-2):63-82.

[123] Martín-de Castro G. Knowledge management and innovation in knowledge-based and high-tech industrial markets: The role of openness and absorptive capacity[J]. Industrial Marketing Management, 2015(47):143-146.

[124] McMahon D, Thorsteinsdóttir H. Pursuing endogenous high-tech innovation in developing countries: A look at regenerative medicine innovation in Brazil, China and India[J]. Research Policy, 2013(4): 965-974.

[125] Meeusen W, Van den Broeck J. Efficiency estimation from Cobb-Douglas production functions with composed error[J]. International Economic Review, 1977(2):435-444.

[126] Mortara L, Minshall T. How do large multinational companies implement open innovation? [J]. Technovation,2011(10-11):586-597.

[127] Motohashi K. University-industry collaborations in Japan:The role of new technology-based firms in transforming the National Innovation System[J]. Research Policy,2005(5):583-594.

[128] Murmann J P. Knowledge and competitive advantage[M]. Cambridge: Cambridge University Press,2004.

[129] Narula R. Innovation systems and "inertia" in R&D location: Norwegian firms and the role of systemic lock-in[J]. Research Policy,2002(5):795-816.

[130] Nelson R R. National innovation systems:A comparative analysis [M]. Oxford:Oxford University Press,1993.

[131] Nieto M, González-Álvarez N. Product innovation:Testing the relative influence of industry,institutional context and firm factors[J]. Technology Analysis & Strategic Management, 2014 (9): 1023-1036.

[132] Nieto M, Quevedo P. Absorptive capacity, technological opportunity, knowledge spillovers,and innovative effort[J]. Technovation,2005 (10):1141-1157.

[133] Norgaard R B. Coevolutionary agricultural development[J]. Economic Development and Cultural Change,1984(3):525-546.

[134] Oltra V,Saint Jean M. Sectoral systems of environmental innovation: An application to the French automotive industry[J]. Technological Forecasting & Social Change,2009(4):567-583.

[135] Park H D,Steensma H K. The Selection and Nurturing Effects of Corporate Investors on New Venture Innovativeness[J]. Strategic Entrepreneurship Journal,2013(4):311-330.

[136] Pelikan P. Bringing institutions into evolutionary economics:Another view with links to changes in physical and social technologies[J].

Journal of Evolutionary Economics,2003(3):237-258.

[137] Porter M E. Competitive advantage: Creating and sustaining superior performance[M]. NewYork:Free Press,1985.

[138] Porter M E. The competitive advantage of notions[J]. Harvard Business Review,1990(68):73-93.

[139] Porter M E,Millar V E. How information gives you competitive advantage[J]. Harvard Business Review,1985(4):149-174.

[140] Porto Gómez I,Otegi Olaso J R,Zabala-Iturriagagoitia J M. ROSA, ROSAE,ROSIS:Modelling a regional open sectoral innovation system[J]. Entrepreneurship & Regional Development,2016(1-2):26-50.

[141] Romer P. Endogenous technological change[M]. New York: National Bureau of Economic Research,1989.

[142] Roper S,Arvanitis S. From knowledge to added value:A comparative, panel-data analysis of the innovation value chain in Irish and Swiss manufacturing firms[J]. Research Policy,2012(6):1093-1106.

[143] Roper S,Du J,Love J H. Modelling the innovation value chain [J]. Research Policy,2008(6-7):961-977.

[144] Rothwell R. Towards the fifth-generation innovation process[J]. International Marketing Review,1994(1):7-31.

[145] Schröder M,Voelzkow H. Varieties of regulation:How to combine sectoral,regional and national levels[J]. Regional Studies,2016 (1):7-19.

[146] Schumpeter J A. The theory of economic development:An inquiry into profits,capital,credit,interest,and the business cycle [M]. New York:Transaction Publishers,1934.

[147] Seiford L M,Zhu J. An investigation of returns to scale in data envelopment analysis[J]. Omega,1999(1):1-11.

[148] Shefer D,Frenkel A. R&D,firm size and innovation:An empirical

analysis[J]. Techinovation,2005,25(1):25-32.

[149] Spanos Y E,Vonortas N S,Voudouris I. Antecedents of innovation impacts in publicly funded collaborative R&D projects [J]. Technovation,2015,36-37:53-64.

[150] Spencer J W. Firms' knowledge-sharing strategies in the global innovation system:Empirical evidence from the flat panel display industry[J]. Strategic Management Journal,2003(3):217-233.

[151] Sternberg R,Rocha H O. Why entrepreneurship is a regional event: Theoretical arguments,empirical evidence,and policy consequences [J]. Entrepreneurship,2007(3):215-238.

[152] Tan J,Tan D. Environment-strategy co-evolution and co-alignment: A staged model of Chinese SOEs under transition[J]. Strategic Management Journal,2005(2):141-157.

[153] Tobin J. Estimation of relationships for limited dependent variables[J]. Econometrica,1958(1):24-36.

[154] Tödtling F,Lehner P,Kaufmann A. Do different types of innovation rely on specific kinds of knowledge interactions? [J]. Technovation, 2009(1):59-71.

[155] Tseng F M,Chiu Y J,Chen J S. Measuring business performance in the high-tech manufacturing industry:A case study of Taiwan's large-sized TFT-LCD panel companies[J]. Omega,2009(3): 686-697.

[156] Volberda H W,Lewin A Y. Co-evolutionary dynamics within and between firms: From evolution to co-evolution [J]. Journal of Management Studies,2003(8):2111-2136.

[157] Vuola O, Hameri A P. Mutually benefiting joint innovation process between industry and big-science[J]. Technovation ,2006(1):3-12.

[158] Wadhwa A,Phelps C,Kotha S. Corporate venture capital portfolios and firm innovation[J]. Journal of Business Venturing,2016(1):95-112.

[159] Wang C H, Lu Y H, Huang C W, et al. R&D, productivity, and market value: An empirical study from high-technology firms[J]. Omega, 2013(1):143-155.

[160] Wang S, Fan J, Zhao D, et al. Regional innovation environment and innovation efficiency: The Chinese case[J]. Technology Analysis & Strategic Management, 2016(4):396-410.

[161] Winder N, McIntosh B S, Jeffrey P. The origin, diagnostic attributes and practical application of co-evolutionary theory[J]. Ecological Economics, 2005(4):347-361.

[162] Woo S, Jang P, Kim Y. Effects of intellectual property rights and patented knowledge in innovation and industry value added: A multinational empirical analysis of different industries[J]. Technovation, 2015, 43-44:49-63.

[163] Wu J, Xiong B, An Q, et al. Total-factor energy efficiency evaluation of Chinese industry by using two-stage DEA model with shared inputs [J]. Annals of Operations Research, 2017(1-2):257-276.

[164] Wu J, Zhu Q, Chu J, et al. Measuring energy and environmental efficiency of transportation systems in China based on a parallel DEA approach[J]. Transportation Research Part D: Transport and Environment, 2016(48):460-472.

[165] Yang J, Liu C Y. New product development: An innovation diffusion perspective[J]. The Journal of High Technology Management Research, 2006(1):17-26.

[166] Zhao X Y, Zheng Y N. Development of Chinese science and technology intermediaries and their integration into the open innovation paradigm [J]. Technology Analysis & Strategic Management, 2011(1): 25-48.

[167] Zhang A, Zhang Y, Zhao R. A study of the R&D efficiency and productivity of Chinese firms[J]. Journal of Comparative Economics, 2003(3):444-464.

[168] Zhang Y,Lv X. Innovation performance of Chinese high-tech firms and its determinants:An empirical study based on quantile regression[C]. In Technology Management for Emerging Technologies (PICMET), 2012,Proceedings of PICMET'12,2012:2125-2131. IEEE.

[169] Zucker L G,Darby M R,Armstrong J S. Commercializing knowledge: University science, knowledge capture, and firm performance in biotechnology[J]. Management Science,2002(1):138-153.

附　　录

表 1(1)　中国 30 个区域高技术产业创新效率(2010 年)

省 (区、市)	2010 年						
	E_j^*	E_{1j}^*	E_{2j}^{1*}	E_{2j}^*	E_{1j}^{2*}	$\propto_{1j}$	$\propto_{2j}$
北京	1.0000	1.0000	1.0000	1.0000	1.0000	0.6125	0.4511
天津	1.0000	1.0000	1.0000	1.0000	1.0000	0.4402	0.5324
河北	0.4602	0.8577	0.2898	0.4121	0.5068	0.6716	0.6330
山西	0.5973	0.4776	0.6863	0.6863	0.4776	0.5589	0.5750
内蒙古	0.5058	0.5454	0.4569	0.4569	0.5454	0.7662	0.5742
辽宁	0.4615	0.5034	0.4406	0.4928	0.4153	0.6263	0.5659
吉林	0.6233	0.7861	0.4163	0.4163	0.7861	0.5770	0.5747
黑龙江	0.2580	0.7193	0.0603	0.1189	0.3347	0.6400	0.5736
上海	0.5124	0.7907	0.3931	0.5564	0.4711	0.5895	0.6137
江苏	0.9797	1.0000	0.9694	0.9954	0.9514	0.3630	0.5570
浙江	0.7330	0.5881	0.7951	1.0000	0.3979	0.6039	0.6377
安徽	0.6931	1.0000	0.5483	0.6964	0.6892	0.7235	0.5525

续表

省 （区、市）	2010 年						
	E_j^*	E_{1j}^*	E_{2j}^{1*}	E_{2j}^*	E_{1j}^{2*}	$\propto_{1j}$	$\propto_{2j}$
福建	1.0000	1.0000	1.0000	1.0000	1.0000	0.4194	0.4675
江西	0.7206	1.0000	0.5764	0.6212	0.8773	0.7184	0.4842
山东	0.8102	0.9999	0.7291	1.0000	0.6119	0.6647	0.4940
河南	0.3786	0.7586	0.2157	0.3100	0.4438	0.6448	0.5560
湖北	0.5579	0.7609	0.4640	0.6589	0.4640	0.6129	0.5878
湖南	0.5886	0.8668	0.4694	0.6029	0.5716	0.6566	0.5414
广东	1.0000	1.0000	1.0000	1.0000	1.0000	0.4582	0.4681
广西	0.5820	1.0000	0.1640	0.1640	1.0000	0.8000	0.7738
海南	0.5558	1.0000	0.1920	0.1920	1.0000	0.8000	0.8000
重庆	0.6519	0.4258	0.7488	0.7488	0.4258	0.8000	0.7808
四川	0.6261	1.0000	0.3294	0.3370	0.9722	0.7853	0.7752
贵州	0.4977	1.0000	0.1604	0.1841	0.8393	0.7419	0.4940
云南	0.4887	0.6113	0.3373	0.3373	0.6113	0.5801	0.5653
陕西	0.3314	0.7160	0.1665	0.3452	0.3243	0.5698	0.5740
甘肃	0.3832	0.3676	0.3898	0.3898	0.3676	0.7761	0.7911
青海	0.5186	1.0000	0.0376	0.0376	1.0000	0.7478	0.7859
宁夏	0.5416	1.0000	0.3074	0.3261	0.8992	0.7611	0.5531
新疆	0.3980	0.6560	0.0047	0.0047	0.6560	0.6536	0.5860
均值	0.6152	0.8144	0.4783	0.5364	0.6880	0.6454	0.5973
标准差	0.2069	0.2052	0.3051	0.3151	0.2458	0.1164	0.1037

表 1(2)　　中国 30 个区域高技术产业创新效率(2011 年)

省 (区、市)	2011 年						
	E_j^*	E_{1j}^*	E_{2j}^{1*}	E_{2j}^*	E_{1j}^{2*}	∞_{1j}	∞_{2j}
北京	1.0000	1.0000	1.0000	1.0000	1.0000	0.4839	0.5009
天津	1.0000	1.0000	1.0000	1.0000	1.0000	0.4314	0.4343
河北	0.4255	1.0000	0.1475	0.2193	0.5964	0.6884	0.5725
山西	0.4174	0.7021	0.0620	0.0688	0.6531	0.5764	0.5707
内蒙古	0.3400	0.4055	0.1871	0.1871	0.4055	0.2925	0.2224
辽宁	0.4214	0.6460	0.3092	0.3648	0.4951	0.6178	0.5736
吉林	0.3380	0.4190	0.1490	0.1490	0.4190	0.2000	0.4660
黑龙江	0.2324	0.6677	0.0458	0.0891	0.3131	0.6203	0.5777
上海	0.4883	1.0000	0.2029	0.2876	0.6544	0.6491	0.6598
江苏	0.7419	1.0000	0.5932	0.7640	0.7205	0.7214	0.5783
浙江	0.7699	0.9134	0.7084	1.0000	0.5436	0.6131	0.5123
安徽	0.5409	1.0000	0.3078	0.3558	0.7901	0.7431	0.5768
福建	0.9172	1.0000	0.8683	1.0000	0.8179	0.6904	0.6207
江西	0.6966	1.0000	0.4655	0.4842	0.9518	0.7951	0.2104
山东	0.6129	0.9522	0.4674	0.5809	0.6542	0.7462	0.5787
河南	0.9526	0.8419	1.0000	1.0000	0.8419	0.2000	0.2573
湖北	0.4626	0.8731	0.2867	0.3880	0.5425	0.6973	0.5767
湖南	0.6291	0.7193	0.5905	0.6622	0.5741	0.6465	0.5749
广东	1.0000	1.0000	1.0000	1.0000	1.0000	0.4729	0.4343
广西	0.3998	0.9780	0.1520	0.2500	0.5133	0.6561	0.5867
海南	0.5622	1.0000	0.1933	0.1933	1.0000	0.8000	0.8000
重庆	0.4207	0.6174	0.1021	0.1021	0.6174	0.5854	0.5796

续表

省	2011 年						
(区、市)	E_j^*	E_{1j}^*	E_{2j}^{1*}	E_{2j}^*	E_{1j}^{2*}	∞_{1j}	∞_{2j}
四川	0.5945	1.0000	0.2653	0.2653	1.0000	0.8000	0.7999
贵州	0.5179	1.0000	0.1943	0.2230	0.8390	0.7504	0.6595
云南	0.4143	0.6609	0.2310	0.3736	0.4367	0.5941	0.5570
陕西	0.3328	0.9014	0.0891	0.1498	0.4633	0.6534	0.5849
甘肃	0.3331	0.4420	0.0866	0.0866	0.4420	0.7261	0.6220
青海	0.5391	1.0000	0.0781	0.0781	1.0000	0.4621	0.7900
宁夏	0.5466	1.0000	0.2243	0.2243	1.0000	0.8000	0.8000
新疆	0.1060	0.0591	0.1261	0.1261	0.0591	0.8000	0.8000
均值	0.5585	0.8266	0.3711	0.4224	0.6781	0.6171	0.5693
标准差	0.2326	0.2389	0.3151	0.3329	0.2466	0.1647	0.1512

表 1(3)　中国 30 个区域高技术产业创新效率(2012 年)

省	2012 年						
(区、市)	E_j^*	E_{1j}^*	E_{2j}^{1*}	E_{2j}^*	E_{1j}^{2*}	∞_{1j}	∞_{2j}
北京	1.0000	1.0000	1.0000	1.0000	1.0000	0.6296	0.4506
天津	1.0000	1.0000	1.0000	1.0000	1.0000	0.3392	0.3840
河北	0.3557	0.5525	0.2714	0.3668	0.3438	0.6753	0.5731
山西	0.2854	0.4495	0.1313	0.2257	0.3109	0.5918	0.5093
内蒙古	0.2284	0.2762	0.1170	0.1171	0.2761	0.2000	0.2058
辽宁	0.3279	0.5493	0.2328	0.3218	0.3342	0.6559	0.5748
吉林	0.5215	1.0000	0.0431	0.0431	1.0000	0.7992	0.7984
黑龙江	0.2446	0.3653	0.0900	0.1314	0.2932	0.7316	0.4243

续表

省 （区、市）	2012 年						
	E_j^*	E_{1j}^*	E_{2j}^{1*}	E_{2j}^*	E_{1j}^{2*}	$\propto_{1j}$	$\propto_{2j}$
上海	0.5678	1.0000	0.2827	0.3629	0.7492	0.6189	0.6984
江苏	0.7122	0.8815	0.6399	1.0000	0.4806	0.5938	0.5865
浙江	0.7628	0.8868	0.7096	1.0000	0.5286	0.6515	0.4709
安徽	0.5149	0.7902	0.3969	0.4852	0.5545	0.7040	0.5444
福建	0.8203	1.0000	0.7317	1.0000	0.6474	0.6389	0.5927
江西	0.6613	1.0000	0.4507	0.5485	0.7771	0.7443	0.5259
山东	0.5881	0.9545	0.4310	0.7031	0.5018	0.6577	0.6237
河南	0.9153	0.7176	1.0000	1.0001	0.0004	0.2000	0.2140
湖北	0.4432	0.7130	0.3276	0.4577	0.4287	0.6767	0.5606
湖南	0.5455	0.4874	0.5704	0.6844	0.3505	0.6900	0.4358
广东	1.0000	1.0000	1.0000	1.0000	1.0000	0.4196	0.4466
广西	0.2838	0.3615	0.1026	0.1026	0.3623	0.2000	0.2133
海南	0.5351	1.0000	0.1320	0.1320	1.0000	0.8000	0.8000
重庆	0.5057	0.4261	0.5405	1.0000	0.2056	0.5719	0.4695
四川	0.5657	1.0000	0.3296	0.4434	0.6811	0.6907	0.6566
贵州	0.5086	1.0000	0.2221	0.2836	0.7289	0.7200	0.6414
云南	0.3613	0.4966	0.2565	0.4764	0.3111	0.5781	0.4883
陕西	0.3508	0.8002	0.1582	0.2825	0.3949	0.6336	0.5946
甘肃	0.3443	0.5498	0.1709	0.2837	0.3737	0.5692	0.5417
青海	0.4463	0.7761	0.0214	0.0214	0.7761	0.7756	0.5966
宁夏	0.5836	1.0000	0.2416	0.2416	1.0000	0.8000	0.8000
新疆	0.4736	0.8449	0.0343	0.0343	0.8449	0.6220	0.3921

续表

省 (区、市)	2012 年						
	E_j^*	E_{1j}^*	E_{2j}^{1*}	E_{2j}^*	E_{1j}^{2*}	$\propto_{1j}$	$\propto_{2j}$
均值	0.5485	0.7626	0.3879	0.4916	0.5752	0.6060	0.5271
标准差	0.2219	0.2414	0.3067	0.3494	0.2829	0.1670	0.1519

表 1(4)　中国 30 个区域高技术产业创新效率(2013 年)

省 (区、市)	2013 年						
	E_j^*	E_{1j}^*	E_{2j}^{1*}	E_{2j}^*	E_{1j}^{2*}	$\propto_{1j}$	$\propto_{2j}$
北京	1.0000	1.0000	1.0000	1.0000	1.0000	0.5665	0.4679
天津	0.9820	0.9400	1.0000	1.0000	0.9400	0.4226	0.3741
河北	0.4713	1.0000	0.1793	0.2484	0.6648	0.6668	0.6418
山西	0.3496	0.4581	0.1127	0.1127	0.4581	0.4926	0.5267
内蒙古	0.4162	0.5020	0.2453	0.2453	0.5020	0.4959	0.5134
辽宁	0.4245	0.7188	0.0863	0.2122	0.6746	0.5680	0.5704
吉林	0.4714	0.7409	0.1078	0.1078	0.7409	0.5752	0.5689
黑龙江	0.3018	0.4134	0.0424	0.0448	0.4120	0.2000	0.3245
上海	0.6280	1.0000	0.4129	0.5065	0.7611	0.5959	0.6936
江苏	0.7064	0.5931	0.7550	0.8322	0.4876	0.7449	0.6932
浙江	0.8946	0.6487	1.0005	1.0002	0.8538	0.5390	0.5127
安徽	0.6326	0.7723	0.5727	0.5727	0.7723	0.8000	0.7694
福建	0.7923	0.7922	0.7923	1.0000	0.5336	0.6049	0.5914
江西	0.7144	1.0000	0.4860	0.4860	1.0000	0.8000	0.8000
山东	0.7028	0.6393	0.7300	0.7504	0.6010	0.7800	0.6026
河南	0.9845	0.9484	1.0000	1.0003	0.0000	0.2000	0.2046

续表

省 （区、市）	2013 年						
	E_j^*	E_{1j}^*	E_{2j}^{1*}	E_{2j}^*	E_{1j}^{2*}	$\propto_{1j}$	$\propto_{2j}$
湖北	0.4953	0.5608	0.4672	0.5116	0.4665	0.7469	0.5849
湖南	0.6996	0.6490	0.7216	0.7487	0.5852	0.8000	0.7462
广东	1.0000	1.0000	1.0000	1.0000	1.0000	0.4595	0.4268
广西	0.4426	0.6874	0.0963	0.0982	0.6788	0.5713	0.5737
海南	0.5248	1.0000	0.1141	0.1141	1.0000	0.8000	0.8000
重庆	0.9992	0.9975	1.0000	1.0000	0.0005	0.5584	0.2665
四川	0.5545	1.0000	0.2280	0.2494	0.8919	0.7493	0.5080
贵州	0.4756	1.0000	0.1967	0.2807	0.6400	0.6406	0.6503
云南	0.3987	0.5961	0.0786	0.0807	0.5869	0.5649	0.5826
陕西	0.3450	0.6306	0.2227	0.3677	0.3283	0.6376	0.6148
甘肃	0.4684	0.7494	0.1034	0.1054	0.7498	0.5688	0.5736
青海	0.2239	0.2317	0.2142	0.3171	0.1840	0.5766	0.4005
宁夏	0.8823	0.6076	1.0000	1.0000	0.6076	0.8000	0.8000
新疆	0.7666	1.0000	0.6665	0.6665	1.0000	0.6953	0.8000
均值	0.6250	0.7626	0.4878	0.5220	0.6374	0.6074	0.5728
标准差	0.2313	0.2146	0.3589	0.3550	0.2711	0.1547	0.1554

表 2　效率分数和规模报酬分类

省 （区、市）	2010 年				2011 年			
	CCR	BCC	SE	规模 报酬	CCR	BCC	SE	规模 报酬
北京	1.0000	1.0000	1.0000	CRS	0.7665	0.7766	0.9870	DRS

续表

省	2010 年				2011 年			
(区、市)	CCR	BCC	SE	规模报酬	CCR	BCC	SE	规模报酬
天津	0.8380	0.8453	0.9915	DRS	0.8107	0.8199	0.9887	DRS
河北	0.2287	0.2470	0.9261	DRS	0.2897	0.3123	0.9274	DRS
山西	0.4399	0.4499	0.9778	DRS	0.5407	0.5819	0.9291	DRS
内蒙古	0.2199	0.3144	0.6996	IRS	0.4844	0.4988	0.9711	IRS
辽宁	0.5017	0.5055	0.9925	IRS	0.4405	0.4411	0.9986	IRS
吉林	0.4088	0.4107	0.9952	IRS	0.4061	0.3915	1.0375	DRS
黑龙江	0.1221	0.1265	0.9647	DRS	0.2072	0.2440	0.8491	DRS
上海	0.4523	0.4593	0.9846	DRS	0.5674	0.6016	0.9431	DRS
江苏	0.4900	1.0000	0.4900	DRS	0.5945	1.0000	0.5945	DRS
浙江	0.4234	0.4640	0.9125	IRS	0.5238	0.7190	0.7284	DRS
安徽	0.4653	0.5052	0.9210	DRS	0.6905	0.7961	0.8673	DRS
福建	0.4981	0.5002	0.9958	DRS	0.3826	0.3921	0.9758	DRS
江西	0.2202	0.2323	0.9480	DRS	0.2318	0.2542	0.9119	DRS
山东	0.6002	0.6020	0.9971	DRS	0.5124	0.5240	0.9778	DRS
河南	0.5752	0.6376	0.9021	DRS	0.7108	0.8061	0.8817	DRS
湖北	0.2801	0.3084	0.9082	DRS	0.2691	0.2967	0.9069	DRS
湖南	0.5276	0.5678	0.9291	DRS	0.7734	0.8377	0.9232	DRS
广东	0.4799	0.8898	0.5393	DRS	0.5572	1.0000	0.5572	DRS
广西	0.3858	0.3870	0.9970	IRS	0.2891	0.3052	0.9471	DRS
海南	0.3174	0.3202	0.9912	IRS	0.8182	0.9164	0.8928	DRS
重庆	0.5689	0.5712	0.9959	IRS	0.8483	0.9307	0.9115	DRS

省	2010 年				2011 年			
（区、市）	CCR	BCC	SE	规模报酬	CCR	BCC	SE	规模报酬
四川	0.4154	0.4399	0.9443	DRS	0.7253	0.7258	0.9993	IRS
贵州	0.2992	0.3309	0.9040	DRS	0.4691	0.5202	0.9019	DRS
云南	0.3995	0.4077	0.9800	DRS	0.3945	0.4299	0.9176	DRS
陕西	0.1767	0.1948	0.9071	DRS	0.2130	0.2297	0.9272	DRS
甘肃	0.3325	0.3399	0.9782	IRS	0.4047	0.4203	0.9628	DRS
青海	0.1995	1.0000	0.1995	IRS	0.3499	1.0000	0.3499	IRS
宁夏	0.2309	0.2806	0.8230	IRS	0.7705	0.8156	0.9446	DRS
新疆	0.4805	0.6509	0.7382	IRS	0.1051	0.1245	0.8443	IRS

表 3　30 个省(区、市)高技术产业各子系统和产业发展环境系统的有序度值

省	2012 年				2013 年			
（区、市）	CCR	BCC	SE	规模报酬	CCR	BCC	SE	规模报酬
北京	1.0000	1.0000	1.0000	CRS	0.7781	0.8640	0.9005	DRS
天津	0.9877	1.0000	0.9877	DRS	0.9090	0.9439	0.9631	DRS
河北	0.2765	0.2983	0.9269	DRS	0.2874	0.3193	0.9000	DRS
山西	0.4547	0.4998	0.9097	DRS	0.4971	0.5474	0.9082	DRS
内蒙古	0.2608	0.2751	0.9481	IRS	0.2513	0.2567	0.9789	IRS
辽宁	0.3768	0.3770	0.9994	IRS	0.4770	0.4772	0.9996	IRS
吉林	0.4925	0.5351	0.9204	DRS	0.6414	0.7052	0.9096	DRS
黑龙江	0.2570	0.3128	0.8214	DRS	0.2504	0.3013	0.8309	DRS
上海	0.5518	0.6012	0.9178	DRS	0.5392	0.5932	0.9089	DRS

续表

省 (区、市)	2012 年				2013 年			
	CCR	BCC	SE	规模报酬	CCR	BCC	SE	规模报酬
江苏	0.5630	0.9568	0.5885	DRS	0.5762	1.0000	0.5762	DRS
浙江	0.5699	0.8519	0.6689	DRS	0.6277	0.9997	0.6279	DRS
安徽	0.8966	1.0000	0.8966	DRS	0.8099	0.9526	0.8502	DRS
福建	0.4115	0.4651	0.8847	DRS	0.3875	0.4382	0.8843	DRS
江西	0.3569	0.3860	0.9246	DRS	0.4510	0.5013	0.8997	DRS
山东	0.4589	0.4871	0.9421	DRS	0.4267	0.5118	0.8338	DRS
河南	1.0000	1.0000	1.0000	CRS	0.8239	1.0000	0.8239	DRS
湖北	0.2972	0.3822	0.7778	IRS	0.3317	0.3734	0.8883	DRS
湖南	0.7990	0.8483	0.9419	DRS	0.7128	0.7141	0.9982	DRS
广东	0.5213	1.0030	0.5197	DRS	0.5822	1.0000	0.5822	DRS
广西	0.3995	0.4286	0.9322	DRS	0.5333	0.5812	0.9175	DRS
海南	0.7554	0.8613	0.8771	DRS	0.5727	0.6546	0.8749	DRS
重庆	0.6979	0.7756	0.8998	DRS	0.8066	0.8567	0.9416	DRS
四川	0.8455	1.0000	0.8455	DRS	0.6062	0.6761	0.8966	DRS
贵州	0.4459	0.5031	0.8864	DRS	0.4547	0.5130	0.8864	DRS
云南	0.4684	0.5155	0.9087	DRS	0.4251	0.4631	0.9179	DRS
陕西	0.2011	0.2306	0.8722	DRS	0.2528	0.3005	0.8411	DRS
甘肃	0.5337	0.6032	0.8847	DRS	0.5101	0.5473	0.9321	DRS
青海	0.1383	0.4055	0.3410	IRS	0.1642	0.2360	0.6960	IRS
宁夏	0.7432	0.7942	0.9358	DRS	0.8962	1.0000	0.8962	DRS
新疆	0.2090	0.4934	0.4237	IRS	1.0000	1.0000	1.0000	CRS

表 4　30 个省（区、市）高技术产业各子系统和产业发展环境系统的有序度值

省	产业投入子系统				产业转化子系统			
（区、市）	2010 年	2011 年	2012 年	2013 年	2010 年	2011 年	2012 年	2013
北京	0.1079	0.1388	0.1357	0.1385	0.0798	0.1345	0.1377	0.1205
天津	0.0766	0.0812	0.0797	0.0799	0.1013	0.0817	0.0742	0.0610
河北	0.0488	0.0504	0.0507	0.0573	0.0384	0.0352	0.0378	0.0414
山西	0.0188	0.0211	0.0241	0.0243	0.0132	0.0168	0.0208	0.0214
内蒙古	0.0134	0.0152	0.0153	0.0157	0.0116	0.0124	0.0114	0.0126
辽宁	0.0832	0.1002	0.0892	0.0886	0.0488	0.0740	0.0651	0.0624
吉林	0.0265	0.0382	0.0375	0.0347	0.0152	0.0287	0.0307	0.0491
黑龙江	0.0426	0.0413	0.0382	0.0415	0.0492	0.0486	0.0440	0.0432
上海	0.1705	0.1508	0.1493	0.1519	0.1672	0.1558	0.1506	0.1232
江苏	0.4720	0.5271	0.5269	0.5299	0.4725	0.5494	0.5802	0.5512
浙江	0.2251	0.2508	0.2585	0.2662	0.1899	0.2270	0.2363	0.2492
安徽	0.0624	0.0767	0.0736	0.0798	0.0578	0.0680	0.0764	0.0784
福建	0.1094	0.1205	0.1188	0.1223	0.1014	0.1017	0.0993	0.1046
江西	0.0528	0.0607	0.0575	0.0652	0.0375	0.0375	0.0478	0.0512
山东	0.1759	0.2219	0.2482	0.2578	0.1739	0.1806	0.2064	0.2236
河南	0.0615	0.0707	0.0703	0.0834	0.0544	0.0505	0.0447	0.0526
湖北	0.0837	0.1091	0.1181	0.1256	0.0684	0.0816	0.0843	0.0851
湖南	0.0529	0.0713	0.0697	0.0840	0.0453	0.0756	0.0684	0.0892
广东	0.9193	0.9199	0.9200	0.9202	0.7613	0.6246	0.6227	0.8447
广西	0.0227	0.0328	0.0290	0.0281	0.0197	0.0277	0.0289	0.0240
海南	0.0130	0.0150	0.0157	0.0171	0.0132	0.0170	0.0216	0.0208
重庆	0.0364	0.0367	0.0383	0.0444	0.0386	0.0335	0.0393	0.0411

续表

省 (区、市)	产业投入子系统				产业转化子系统			
	2010 年	2011 年	2012 年	2013 年	2010 年	2011 年	2012 年	2013
四川	0.0920	0.1035	0.0948	0.1136	0.1508	0.1347	0.1414	0.1415
贵州	0.0349	0.0301	0.0344	0.0366	0.0455	0.0401	0.0397	0.0355
云南	0.0181	0.0226	0.0230	0.0221	0.0134	0.0191	0.0181	0.0200
陕西	0.0774	0.0868	0.0915	0.0918	0.0872	0.0790	0.0829	0.0866
甘肃	0.0175	0.0168	0.0176	0.0177	0.0187	0.0152	0.0156	0.0154
青海	0.0102	0.0112	0.0111	0.0116	0.0114	0.0100	0.0101	0.0107
宁夏	0.0115	0.0121	0.0122	0.0129	0.0125	0.0137	0.0137	0.0164
新疆	0.0109	0.0130	0.0110	0.0114	0.0102	0.0123	0.0118	0.0122
北京	0.1444	0.1440	0.1290	0.1313	0.5680	0.5345	0.5395	0.5184
天津	0.1047	0.1128	0.1368	0.1497	0.2220	0.1936	0.1997	0.2067
河北	0.0339	0.0353	0.0369	0.0388	0.1607	0.1433	0.1556	0.1596
山西	0.0166	0.0195	0.0328	0.0260	0.0966	0.0964	0.1025	0.1093
内蒙古	0.0153	0.0171	0.0155	0.0173	0.0904	0.0886	0.1023	0.1132
辽宁	0.0644	0.0692	0.0667	0.0630	0.2709	0.2389	0.2437	0.2595
吉林	0.0219	0.0295	0.0301	0.0326	0.1274	0.1255	0.1295	0.1263
黑龙江	0.0196	0.0216	0.0215	0.0217	0.1683	0.1353	0.1433	0.1392
上海	0.2509	0.2231	0.1885	0.1687	0.3812	0.3525	0.3652	0.3750
江苏	0.6030	0.7451	0.7797	0.7480	0.5167	0.5062	0.5190	0.5420
浙江	0.1399	0.1599	0.1550	0.1604	0.3141	0.3082	0.3175	0.3249
安徽	0.0275	0.0416	0.0530	0.0563	0.1508	0.1580	0.1686	0.1731
福建	0.1284	0.1397	0.1312	0.1227	0.1922	0.1908	0.2002	0.2100
江西	0.0351	0.0430	0.0488	0.0531	0.0895	0.0851	0.0879	0.0996

续表

省 (区、市)	产业投入子系统				产业转化子系统			
	2010 年	2011 年	2012 年	2013 年	2010 年	2011 年	2012 年	2013
山东	0.1928	0.2135	0.2273	0.2225	0.3413	0.3312	0.3387	0.3497
河南	0.0389	0.0604	0.0811	0.1575	0.1465	0.1314	0.1359	0.1490
湖北	0.0605	0.0615	0.0686	0.0662	0.2200	0.2226	0.2296	0.2430
湖南	0.0333	0.0509	0.0604	0.0776	0.1635	0.1577	0.1620	0.1835
广东	0.9189	0.9073	0.8884	0.9001	0.5124	0.5457	0.5457	0.5590
广西	0.0219	0.0291	0.0320	0.0364	0.0899	0.0847	0.0866	0.0845
海南	0.0120	0.0131	0.0155	0.0142	0.0475	0.0428	0.0455	0.0461
重庆	0.0243	0.0480	0.0556	0.0617	0.1335	0.1236	0.1273	0.1358
四川	0.0616	0.1115	0.1268	0.1487	0.2048	0.1872	0.2064	0.2066
贵州	0.0178	0.0192	0.0197	0.0190	0.0479	0.0515	0.0544	0.0584
云南	0.0148	0.0171	0.0170	0.0186	0.0679	0.0650	0.0725	0.0816
陕西	0.0341	0.0370	0.0374	0.0364	0.2042	0.1990	0.2028	0.2102
甘肃	0.0124	0.0136	0.0144	0.0153	0.0574	0.0540	0.0576	0.0585
青海	0.0097	0.0107	0.0115	0.0124	0.0339	0.0324	0.0333	0.0365
宁夏	0.0114	0.0125	0.0118	0.0119	0.0373	0.0384	0.0403	0.0398
新疆	0.0103	0.0116	0.0111	0.0116	0.0664	0.0666	0.0717	0.0728

图书在版编目（CIP）数据

创新系统视角下产业环境与高技术产业创新的交互影响研究 / 陈侠飞著. —杭州：浙江大学出版社，2019.12

ISBN 978-7-308-20075-2

Ⅰ.①创… Ⅱ.①陈… Ⅲ.①高技术产业—产业发展—研究—中国 Ⅳ.①F279.244.4

中国版本图书馆 CIP 数据核字(2020)第 039655 号

创新系统视角下产业环境与高技术产业创新的交互影响研究

陈侠飞　著

责任编辑	钱济平　陈佩钰
责任校对	陈逸行
封面设计	续设计
出版发行	浙江大学出版社
	（杭州市天目山路 148 号　邮政编码 310007）
	（网址:http://www.zjupress.com）
排　　版	杭州中大图文设计有限公司
印　　刷	虎彩印艺股份有限公司
开　　本	710mm×1000mm　1/16
印　　张	7.5
字　　数	119 千
版 印 次	2019 年 12 月第 1 版　2019 年 12 月第 1 次印刷
书　　号	ISBN 978-7-308-20075-2
定　　价	50.00 元